Gerald Aichner

Erlebnis-Wandern!

Trekking über die Alpen

Wandern von Hütte zu Hütte von Bayern über Tirol nach Südtirol und in die Dolomiten

Tyrolia-Verlag · Innsbruck-Wien

Steine pflastern den Trekking-Weg.

Vorwort

„Trekking“ ist so etwas wie „Bergsteigen oben“. In diesem Satz liegt die Begründung für diesen Wanderführer. Und zugleich die Motivation, eines der schönsten Gebirge der Welt, die Alpen, über ihren Hauptkamm zu überschreiten. Neu sind nicht die Wege, neu ist die Herausforderung, die Alpen in einem Zug zu überqueren, auf Höhenwegen, ohne viel in die Täler abzusteigen. Transalp-Trekking – ganz Berg-Mensch sein.
Weil es den Europäer stets nach Süden zieht – wie schon Goethe vorexerzierte – sind die drei vorgestellten Routen von Nord nach Süd beschrieben. Sie könnten bei ebenso starken Eindrücken natürlich auch Richtung Norden durchmessen werden. Zwei Tourenbeschreibungen starten in Bayern, durchqueren Tirol von Nord nach Süd und steigen durch die Tuxer und Zillertaler Alpen über den Alpenhauptkamm ins Südtiroler Pustertal bzw. weiter in die Dolomiten. Der dritte Routenvorschlag kommt vom Allgäu übers Lechtal ins Inntal und überquert die Ötztaler Alpen bis in den Vinschgau.
Alle drei Trekkingrouten sind so angelegt, dass sie an mehreren Stellen begonnen bzw. beendet werden können. Außerdem lassen sich die meisten Abschnitte in ein, zwei und drei Tagesetappen zerlegen. Wer nur an den Wochenenden wandern kann, kann sich entsprechende Kurzabschnitte selbst zusammenstellen. Im Laufe der Jahre kommt so auch eine Alpenüberschreitung zusammen, zumindest in Raten. Über die vorgeschlagenen Routen hinaus will der Führer auch Anregungen geben, sich selbst Wege und Varianten auszuwählen. Auch darin liegt der Reiz der Tourenvorbereitung.
„Möglichst oben bleiben“, lautet dabei die Devise und zugleich auch meine Empfehlung. Denn gerade dann, wenn man die „Niederungen“ der Täler unter sich gelassen hat und entlang von Kämmen, über Grate und unter Gipfeln von Hütte zu Hütte wandert, wird man zufrieden feststellen, dass eine weite Reise zu Fuß vor allem eine Reise zu sich selbst ist.
In diesem Sinne wünsche ich Ihnen viel Spaß bei Ihrem Transalp-Treck und freue mich über Ihre Rückmeldung!

Hall in Tirol, im Frühjahr 2005

gerald.aichner@glungezer.at

Gerald Aichner

Inhaltsverzeichnis

„Motivationsschub“ – oder die unverzichtbare Vorbemerkung

Die Herausforderung und ihre Vorbereitung

Über 125 km Wegstrecke insgesamt zu bewältigen, mit Tagesetappen bis zu 30 Kilometern, sieben bis zehn Tage lang mit 15 Kilogramm Rucksack auf dem Rücken unterwegs zu sein, das erfordert mehrere Vorbereitungs- und Eingehtouren. Dabei muss man die Ausrüstung (Schuhe, Rucksack, Gewicht) genauso testen wie die eigene Kondition und beides gegebenenfalls verbessern. Wer keine alpine Erfahrung hat, sollte bei der örtlichen Alpenvereinssektion geführte Touren mitmachen und sich auf diese Weise informieren und trainieren. Hochgebirge kann sehr menschenleer und einsam sein, man muss sich darauf und auf die Ursprünglichkeit der Landschaft einstellen.

Nichts kann einen so verändern wie Reisen und Bergsteigen. Tagelang nur aus dem Rucksack (und von der überwiegend sehr guten Verpflegung auf den AV-Schutzhütten) zu leben, jeden Morgen nicht genau zu wissen, was einen erwartet, wo man am Abend schlafen wird, das kann zunächst belastend

Über wilde Wasser führt so mancher Steig.

sein. Je länger man jedoch unterwegs ist, umso ruhiger wird man, umso zuversichtlicher, erwartungsfroher und zufriedener. Eine Hüttenmahlzeit wird einem dann immer besser munden als eine festliche Tafel. Je länger man wandert, umso bewusster erfährt man, wie wenig man im Grunde fürs Leben braucht und wie sehr man als gestresster Tal- und als Zivilisationsmensch übersättigt und reizüberflutet ist.

Mehr Abenteuer, weniger Ballast

Aus Beobachtung, Erfahrung und Gesprächen weiß ich, dass wir viel unnötigen Ballast über die Gebirge tragen. Ich meine damit nicht nur, dass wir unseren Körper etwas trainieren müssen, ehe wir uns solche Weitwanderrouten mit einigem Anspruch an die Kondition aussuchen; wir sollten auch eingrenzen, was wir unseren Rucksäcken und damit unserem Körper unterwegs zumuten wollen. Leben in den Bergen für ein paar Tage oder Wochen kann ruhig ein bisschen Abenteuer sein.

Abenteuer heißt in diesem Zusammenhang auch bewusster Verzicht auf diverse „Notwendigkeiten" des Alltags, auf Luxus und Komfort. Keinesfalls verzichten sollte man aber auf solche technische Errungenschaften wie Handy, das unter Umständen den nötigen Hilferuf ermöglicht, auf Karten, Kompass und Höhenmesser.

Auch ein kleiner, leichter Tagesproviant und vor allem ausreichend Flüssigkeit sind unverzichtbar. Ebenso gehören ein angemessener Wetterschutz und für Hüttenübernachtungen der AV-Schlafsack mit ins Gepäck.

Wetter- und Alpininfo

Alpiner Wetterdienst Österreich
Tel. 0900/911566-80 (kostenpflichtig)

Alpenwetter (persönliche Beratung der Wetterdienststelle Innsbruck, Mo–Sa. 13.00–18.00 Uhr): Tel. 0512/291600

Alpine Auskunft:
OeAV: 0512/587828
DAV: 089/294940 (Mo–Fr. 9.00–14.00 Uhr, Mo./Mi. 13.00–16.00 Uhr, Do. 13.00–18.00 Uhr)
AVS: 0471/999955 (Mo–Fr. 10.00–12.00 Uhr u. 15.00–17.00 Uhr)

Vorwahl nach A: 0043 (Ortskennzahl ohne „0" anschließen)
Vorwahl nach D: 0049 (Ortskennzahl ohne „0" anschließen)
Vorwahl nach I: 0039 (Ortskennzahl mit „0" anschließen)

Der Faktor Zeit

Die meisten Schutzhütten und Berggasthöfe sind von Mitte Juni bis Mitte/Ende September geöffnet. Wetter und Schneebedingungen können sich von Jahr zu Jahr, von Tag zu Tag ändern. Eine Überschreitung der Birkkarspitze oder der Friesenbergscharte ist vor Mitte Juli meistens ein Problem, ihre Zustiege können noch von Winterschnee gefüllt bzw. vereist sein. Dadurch ändern sich auch die Gehzeiten erheblich. Die besten Startzeiten sind die Wochen zwischen Juli, August bis meistens höchstens Mitte September. In der Regel sind die Hütten von Mitte Juni bis Mitte September geöffnet, je nach Wetter auch früher bzw. länger. Die Zeitangaben bei den einzelnen Etappen sind durchschnittliche Richtzeiten, eher großzügig bemessen und so angelegt, dass jedes Ziel bei entsprechend zeitigem Aufbruch gut zu erreichen ist.

Netzwerk Hütten

Die Alpenvereinshütten legen sich wie ein grobes, sicheres Netzwerk über unsere Gebirge und sind nicht nur Tages- oder Etappenziele, sondern auch Ausgangspunkt für Gipfelbesteigungen. In Tirol stehen ca. 170 Schutzhütten zur Verfügung, die meisten werden vom Deutschen Alpenverein betreut, ca. ein knappes Viertel vom Oesterreichischen Alpenverein (35 Tiroler OeAV-Hütten) und von den Naturfreunden oder anderen Bergsteigervereinen. Der Großteil von ihnen ist vor 100–140 Jahren in der Pionierzeit des Alpinismus von

Friesenberghaus in den „Zillertalern"

weitsichtigen Bergmenschen angelegt worden.
Eine der neuen Sinnmöglichkeiten für Hütten sehe ich in der Verknüpfung ihrer Wege. Trekking nützt die Möglichkeit des Hüttennetzes in idealer Weise und bietet den Reiz neuer Bergerlebnisse, in deren Mittelpunkt nicht mehr allein das Ersteigen von Gipfeln steht. Die Routen sind so gewählt, dass Sie am Ende jeder Etappe immer eine Hütte, ein Gasthaus oder eine Pension erreichen und sich wieder stärken und ausruhen können (für die Hütten AV-Schlafsack mitnehmen!). Um die einzelnen Etappen individuell gliedern und verbinden zu können, sind möglichst viele Hütten miteinbezogen. Am Ende jeder Routenbeschreibung werden alle auf dem Weg zur Verfügung stehenden Hütten mit den wichtigsten Infos vorgestellt.
Die Hüttenwirtsfamilien bemühen sich nach Kräften um das Wohl ihrer Gäste, nur ganz selten gibt es ernsthafte Klagen. Die Mitgliedschaft beim Alpenverein sichert Ihnen gute Bedingungen auf den Hütten und für den Notfall die bestmögliche Versicherung.

Infos im Internet

Alle wichtigen Infos zu den AV-Hütten (Öffnungszeiten, Telefon etc.) sowie den aktuellen Bergwetterbericht finden Sie unter:
www.alpenverein.at (OeAV)
www.alpenverein.de (DAV)

Informationen zu den einzelnen durchwanderten Gebieten bieten:
www.tirol.at
www.tuxeralpen.at
www.karwendel.org
www.naturpark-zillertal.at

Informationen zu An- und Rückfahrmöglichkeiten mit öffentlichen Verkehrsmitteln unter:
www.oebb.at
www.vvt.at

Karten

Kartenlesen ist eine Kunst, die man lernen und üben kann. Je genauer, also je kleiner im Maßstab eine Karte ist, desto genauer kann man wichtige Details aus ihr herauslesen. Die in diesem Buch abgebildeten Routenskizzen beruhen auf der topographischen Karte im Maßstab 1:200.000 und dienen dem Überblick über den Wegverlauf. Zur Ergänzung empfiehlt sich die Mitnahme von Wanderkarten im Maßstab

1:50.000 oder 1:25.000. Die jeweils empfehlenswerten Kartenblätter werden zu jeder Tour angegeben. In den Kartenskizzen werden folgende Symbole verwendet:

⌂	Einkehrmöglichkeit	→	Gehrichtung
⌂	Übernachtung/Hütte	———	Wegverlauf
	Lift	- - -	Variante
	Seilbahn	———	Fahrstrecke
P	Parkmöglichkeit	- - -	Fahrvariante

Anforderungen und Schwierigkeiten der Wege

In Österreich sind die Länder und Alpinvereine dabei, ein einheitliches Beschilderungssystem mit gelben Hinweistafeln und ein Farbleitsystem für die Schwierigkeiten der Wege einzuführen. Dieses Farbleitsystem wird auch in diesem Wanderführer benutzt, wobei sich die Einstufung immer auf den schwierigsten Abschnitt des Weges bezieht.

● **(= leichte Wanderwege):** Wege, die überwiegend noch im Bereich der Dauersiedlungen und unterhalb der Waldgrenze verlaufen und weder Bergerfahrung noch eine spezielle Ausrüstung voraussetzen. Die Wege sind in der Regel mäßig steil, gut markiert und mit festem Schuhwerk gefahrlos zu begehen. Bergwege, die überwiegend oberhalb der Waldgrenze verlaufen, setzen alpine Grundkenntnisse voraus. Sie werden in rote und schwarze Wege unterschieden.

● **(= mittelschwere Bergwege):** Für trittsichere, geübte und ausdauernde Bergwanderer mit entsprechender Ausrüstung. Diese schmalen Wege und Steige sind überwiegend ausreichend markiert, oft steil und teils bereits ausgesetzt.

● **(= schwierige Bergwege):**
Diese Wege und Steige sind überwiegend steil, ausgesetzt und anstrengend und setzen Trittsicherheit und trotz Markierung Orientierungsfähigkeit voraus; teils kann die Zuhilfenahme der Hände notwendig sein. Sie sind nur für trittsichere, schwindelfreie und alpin erfahrene Bergwanderer empfehlenswert.

Notruf

Europäischer Notruf: **112**
Bergrettung Bayern: **19222**
Bergrettung Österreich: **140**
Rettung Österreich: **144**
Bergrettung Südtirol: **118**
Notruf Italien: **118**

Tour 1
Von der Isar zur Rienz

Aus Bayern übers Karwendel ins Inntal und über die Tuxer und Zillertaler Alpen ins Südtiroler Pustertal

125 km lang ist der Tiroler Abschnitt der alpenquerenden Trekkingtour von der bayrisch-tirolerischen Grenze bei Vorderriss im Karwendel bis ins Südtiroler Pustertal. In sieben bis zehn Etappen – je nach Zeit und Kondition – durchmisst diese europäische Trekkingtour Tirol von Nord nach Süd, führt übers Karwendel, die Tuxer und Zillertaler Alpen ins Pustertal. Teilweise folgt diese Tour der „Hauptader" der Via Alpina am Roten Weg, teils dem „Traumpfad über die Alpen" nach Venedig. Sie bedeutet eine ordentliche Herausforderung für den Hüttenwanderer und Trekker. Landschaftlich hinreißend durchs Karwendel, die Tuxer-Überschreitung über die „seven summits" ebenfalls lohnend und schwierig, führt dieser Alpentreck den Bergwanderer nicht immer nur auf Wegen, sondern meist auf Steigen, teils sogar „im Gelände", großteils abseits der Zivilisation über die Alpen. Für die Anstrengungen entschädigen gewaltige Naturschönheiten. Gute Kondition für satte Tagesetappen von bis zu acht bis neun Stunden ist die Voraussetzung für die Freude am Treck.

Das Karwendelhaus – unser erstes Etappenziel

Tour 1

Wer schon in der Bayern-Metropole München starten will, kann sich in vier Tagen durch das Voralpenland mit seinen Wiesen, Flusstälern und Hügeln bis zum Karwendel herantasten. Unser eigentlicher Startpunkt liegt in Vorderriss an der bayrisch-tirolerischen Grenze. Die ersten vier Tage werden recht alpin, gilt es doch die höchste Erhebung des Karwendels, die Birkkarspitze, zu ersteigen. Außerdem wechseln wir vom bayrischen Voralpenland und vom Einzugsgebiet der Isar, die in der Nähe des Hallerangerhauses entspringt, über das Karwendel zum Inn und in das Inntal, eine der Lebensadern und Lebensnerven Nordtirols. Das Karwendel ist die geographische wie politische Grenze zwischen Bayern und Tirol, der mächtige Gebirgswall zwischen dem Voralpenland und dem 500 m tief gelegenen Inntal.
Von Hall folgt der Aufstieg zum „Glungezer-Riesen“, dem mächtigen König der Skitourenberge im Innsbrucker Raum. Dieser Abschnitt lässt sich mit einer kleinen Liftfahrt abkürzen, um nach einem kurzen Aufstieg zur Glungezerhütte seine Reserven für die bervorstehende Bergtour in die Tuxer Voralpen zu schonen. In den nächsten Tagen ziehen wir hinauf zum höchsten Punkt der Traumtour, zur fast 3000 m hohen Friesenbergscharte. Gletscherausrüstung ist nicht nötig. Die Tuxer Gletscher und das Olperermassiv stehen zwar mächtig vor uns, werden aber umgangen.

Unterwegs in den majestätischen Zillertaler Alpen

Nach der Dominikushütte am Schlegeis-Stausee verlassen wir am Pfitscher Joch Tirol und Österreich, wir überschreiten nicht nur den Alpenhauptkamm, sondern auch die Grenze zu Italien. Nun sind wir in Südtirol. An die einst gut bewachte Staatsgrenze am Pfitscher Joch erinnern nur noch Tafeln und ein Grenzhaus. Ein besonderes Schmankerl oder ein „Hatscher“ – ganz wie man es sehen will – auf diesem Teilstück ist der Übergang über das Gliderschartl ins Pfunderer Tal. Dieser landschaftlich schöne Steig wurde einst von Schmugglern, Hirten und Almbauern viel begangen. Wir ziehen talaus bis Pfunders, von dort nach Niedervintl im Pustertal und sind nach acht bis zehn Tagen am Ziel.

Route und Etappen

● **1. Tag:** Vorderriss – Risstal – Hinterriss – Falkenhütte oder Karwendelhaus: 8 Std. 1000 Hm (auf)

● **2. Tag:** Falkenhütte / Karwendelhaus – Birkkarspitze – Hallerangerhaus: 8 Std. 1510 Hm (auf/ab)

● **3. Tag:** Hallerangerhaus – Lafatscherjoch – Halltal – Absam – Hall im Inntal: 5–6 Std. 320 Hm (auf) 1500 Hm (ab)

● **4. Tag:** Hall – Tulfes – Glungezerhütte: 5–6 Std. 2050 Hm (auf)

● **5. Tag:** Glungezerhütte – „Tuxer seven summits“ – Lizumer Hütte: 8–10 Std. 500 Hm (auf), 1000 Hm (ab)

● **6. Tag:** Lizumer Hütte – Pluderlingsattel – Geier – Lizumer Reckner – Tuxerjochhaus: 6–7 Std. 1050 Hm (auf), 750 Hm (ab)

● **7. Tag:** Tuxerjochhaus – Spannagelhaus – Friesenbergscharte – Friesenberghaus: 6 Std. 900 Hm (auf), 800 Hm (ab)

● **8. Tag:** Friesenberghaus – Dominikushütte oder Olpererhütte – Schlegeis-Stausee – Pfitscherjochhaus: 6 Std., 700 Hm (auf), 450 Hm (ab)

● **9. Tag:** Pfitscherjochhaus – Landshuter Höhenweg – St. Jakob – Stein im Pfitscher Tal: 5 Std. 700 Hm

● **10. Tag:** Stein im Pfitscher Tal – Gliderscharte – Grindler See – Engbergalm – Dunerklamm – Pfunders: 8 Std. 1125 Hm (auf), 1400 Hm (ab)

insgesamt: 125 km in 8 bis 10 Tagesetappen mit durchschnittlich 6 bis max. 9 Std. Gehzeit

Vom Risstal zum Karwendelhaus

Vorderriss		Hinterriss		Lalidereralm		Falkenhütte		Karwendelhaus
	2½ Std.		2½ Std.		1 Std.		2 Std.	
800 m		950 m		1556 m		1846 m		1765 m

8 Std. ↗ 1000 Hm

Weglänge/Gehzeit: 28 km, 1000 Hm Aufstieg, 8 Std.
Schwierigkeiten: leichte Bergwanderung; gut markiert; blau.
Einkehr am Weg: Hinterriss, Falkenhütte.
Übernachtung: Falkenhütte oder Karwendelhaus.

Wer die Alpenüberquerung an der Isar beginnt, sollte sich bis Vorderriss oder besser noch bis Hinterriss bzw. bis zum Parkplatz P5 bringen lassen und hier starten, folgt doch gleich eine lange Strecke als Auftakt. Von Vorderriss (800 m) nach Hinterriss (950 m) entlang des Risstals ist es zwar eine leichte, aber 12 km lange Talwanderung.
Von **Hinterriss** talein weiter Richtung Eng, ehe man bei P4 auf den Weg 232 rechts, südlich abzweigt ins Laliderertal (auch bei P5 gelangt man ins Laliderertal). Landschaftlich herrlich geht's talein zur **Lalidereralm** (1556 m). Von hier zieht der Höhenweg zur **Falkenhütte** (1846 m). Südlich türmen sich die berühmtesten Wände des Karwendels auf, die Lalidererwände mit ihren legendären Kletterrouten. Nächtigung empfiehlt sich auf der Falkenhütte, da das Karwendelhaus (1765 m) meist sehr stark frequentiert ist. Wir steigen hinunter zum romantischen Kleinen Ahornboden. Etwas tiefer befindet sich das Hermann-von-Barth-Denkmal.
Hier, inmitten des Karwendels, könnten die Kontraste zwischen Fels und Almen, Latschen und Bergwässern sowie den besonders im Herbst prachtvoll bunten Ahornbäumen nicht schöner sein. Der große Ahorn-

Hermann von Barth

Hermann von Barth (1845–1876) war der kühne alpinistische Karwendel-Erschließer des ausgehenden 19. Jahrhunderts. Innerhalb von zwei Jahren hat er 88 Gipfel erstiegen, mindestens zwölf davon erstmals. Er hat um 1870 den Namen „Karwendel", der ursprünglich ein Gebiet im Karwendeltal „ze Gerbintla" gemeint hat, auf das ganze Gebirge übertragen.

boden ist der größte und schönste Bestand von Bergahornbäumen in den Ostalpen. Auf 240 Hektar stehen über 2400 Ahornbäume, mehr als 1400 davon sind mehrere Jahrhunderte alt, manche reichen in die Zeit des Dreißigjährigen Krieges zurück. 1969 wurden tausend neue Bäume in diesem parkähnlichen Naturreservat des Karwendels gepflanzt.
Bald erreichen wir das **Karwendelhaus** (1765 m). Von hier kann man dann entweder die höchste Karwendelspitze, das Birkkar (2749 m), besteigen oder die nächste Etappe zum Halleranger angehen.

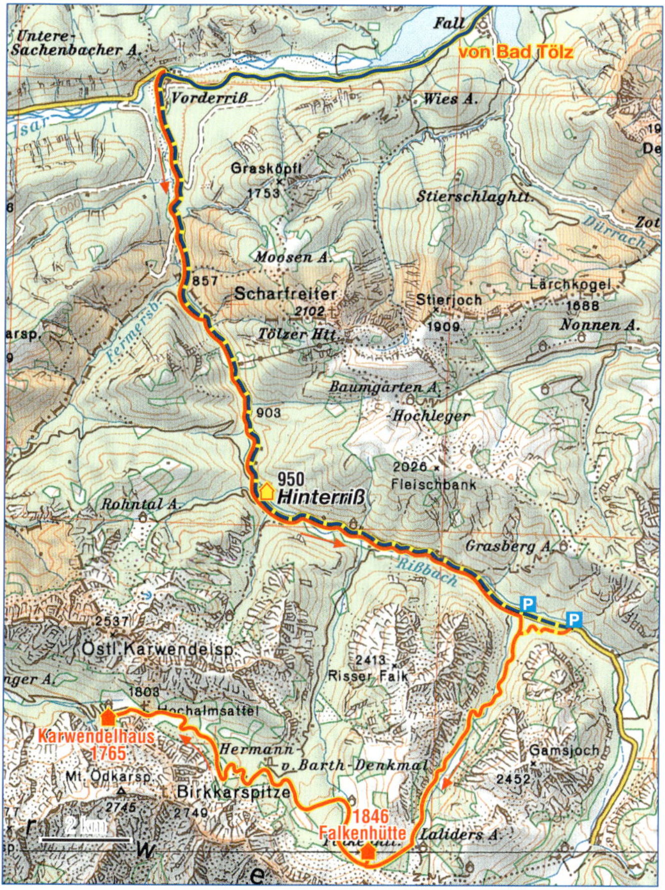

Über die „verwegenste Zinne der Nordtiroler Kalkalpen“

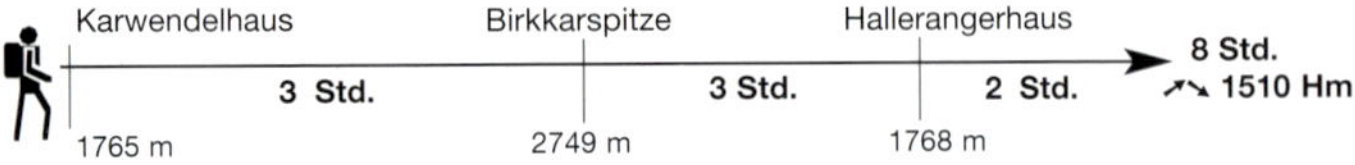

Weglänge/Gehzeit: 14 km, 1510 Hm Auf- und Abstieg, 8 Std. Gipfelbesteigung Birkkarspitze 1 Std. zusätzlich (Karwendelhaus – Gipfel 2½–3 Std.; 980 Hm).
Schwierigkeiten: anstrengend und schwierig (rot–schwarz), wenn im Birkkar Altschnee liegt.
Einkehr am Weg: Kastenalm.
Übernachtung: Hallerangerhaus (1768 m).
Nächster Talort: durchs Karwendeltal (20 km lang) nach Scharnitz; Bahn- und Busanschluss.

Die anspruchsvolle Bergüberschreitung führt zunächst vom Karwendelhaus zum Schlauchkarsattel, mit einem möglichen Abstecher zum höchsten Gipfel des Karwendels, der Birkkarspitze (2749 m, mit Biwakhütte). Danach erfolgt der Abstieg ins Hinterautal mit neuerlichem Aufstieg zum Hallerangerhaus (1768 m). „Wer „klassisch“ weitergeht, sollte konditionsstark und mit Schrofen- und Felsgelände vertraut sein, ansonsten ist der Umweg talaus auf dem Weg 201 (E4, O1) nach Scharnitz empfehlenswerter, um dann von Scharnitz durchs Hinterautal über die Kastenalm zum Hallerangerhaus zu gelangen (9 Std.).
Vom **Karwendelhaus** die ersten 100 Hm auf dem AV-Steig steil Richtung Süden durch Lawinenverbauungen bergauf. Dann flacher weiter bis in das „**Schlauchkar**“ – nomen est omen: Der Anstieg kann ganz schön „schlauchen“, wie man sagt. Durch die nordseitige Lage muss man bis in den Frühsommer mit Schneefeldern rechnen, die dann den Aufstieg zusätzlich erschweren.
Durch das teilweise sehr schottrige Kar steigen wir hinauf zum **Schlauchkarsattel**. Vom **Birkkarhüttl** (Biwakhütte) auf einem versicherten Steig über die schuttbedeckten Platten der Westflanke zum Gipfel der **Birkkarspitze** (2749 m). Damit haben wir den höchsten Gipfel des Karwendels erklommen. Hermann von Barth, der Karwendel-Bergpionier, nannte sie 1874 „die verwegenste Zinne der Nordtiroler Kalkalpen“.
Vom schönsten Aussichtsberg des Karwendels schweift der Blick bei klarer Sicht bis zur Silvretta im Westen und zur Tau-

ernregion im Osten. Der Tiefblick in die düsteren Nordwände der Gleirsch-Halltal-Kette sowie in die gähnende Niederung des Kleinen Ahornbodens bleibt „tief“ in Erinnerung.

Ödkar und Birkkar im Karwendel

Am Steig 225 durch die **Birkkarklamm** in Serpentinen talwärts zur **Kastenalm** im Hinterautal (1220 m).

Wer die Birkkar-Etappe über Scharnitz umgehen möchte, gelangt von Scharnitz durch das Hinterautal in 3½ Std. ebenfalls hierher zur Kastenalm. Etwas talaus befindet sich der Isar-Ursprung.

Beim **„Silbernen Hansl“**, einem alten Bergwerk, am Lafatsch-Niederleger und an der Kohleralm vorbei folgen wir dem Weg 224 den Lafatschbach entlang und erreichen dann endlich unser Tagesziel, das schön gelegene **Hallerangerhaus** (1768 m) mit der bekannten Kulisse von Großem und Kleinem Lafatscher.

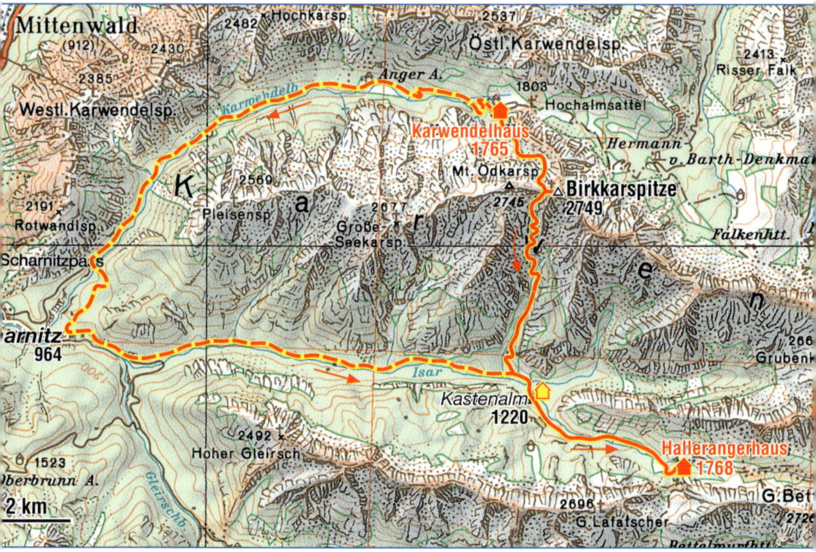

Vom Herzen des Karwendels ins Inntal

Hallerangerhaus		Lafatscherjoch		Halltal		Absam		Hall		
	1 Std.		1½ Std.		1½ Std.		½ Std.		1 Std.	5½ Std. ↗ 320 Hm ↘ 1500 Hm
1768 m		2081 m		1481 m		632 m		574 m		

Weglänge/Gehzeit: 18 km, Aufstieg 320 Hm, Abstieg 1500 Hm, 5–6 Std.
Schwierigkeiten: leichte Bergwanderung; markiert; blau.
Einkehr am Weg: St. Magdalena, Ghs. in Absam, Hall, Tulfes.
Übernachtung: in Absam, Hall oder am gleichen Tag noch Aufstieg zur Glungezerhütte (s. 4. Tag) bzw. Bettelwurfhütte (2079 m), wenn man den Großen Bettelwurf besteigen will.
Nächster Talort: Hall im Inntal; Bahn und Bus.

Vom **Hallerangerhaus** gehen wir die gefahrlose Überschreitung der südlichen Karwendelkette an. Wir steigen unter den senkrechten „Schifferwänden", fast senkrechten Felsabstürzen der Speckkarspitze, entlang und durch den „**Durchschlag**", einer steilen Schuttrinne, hinauf zum **Lafatscherjoch** (2081 m, ca. 1 Std.). Vom Lafatscherjoch geht es entweder direkt hinunter in das obere **Halltal** (Weg 223).
Oder wir machen einen Abstecher auf Steig 221 zur Bettelwurfhütte (2079 m, 1½ Std.) und von hier schließlich hinunter ins Halltal. Von der Bettelwurfhütte lohnt der Aufstieg auf den Aussichtsberg **Großer Bettelwurf** (2726 m).

Hall in Tirol, alte Salz- und Münzstadt am Inn, gegen den Bettelwurf

● Gipfeltour: Großer Bettelwurf (2726 m)

Weglänge/Gehzeit: 4 Std. 650 Hm Aufstieg, 1600 Hm Abstieg ins Tal.
Schwierigkeit: markiert, versichert; kurzer schwieriger Anstieg; schwarz.
Route: Auf Steig 222 von der Bettelwurfhütte (2079 m) bis hinab auf eine Höhe von ca. 1900 m, wo nach rechts der direkte Anstieg zum Großen Bettelwurf abzweigt. Die letzten und schwierigeren Höhenmeter über den Eisengattergrat oberhalb des Bettelwurfkars sind gut mit Seilsicherungen abgesichert. Super Rundblick über das ganze Inntal! Südanstieg, daher früher Aufstieg ratsam und Wasser mitnehmen. Für den Übergang vom Großen auf den Kleinen Bettelwurf empfiehlt sich Klettersteigausrüstung.

Im **Halltal** erinnern mehrere Bauten an die Zeit des Salzbergbaues – angefangen von der Freiungskapelle bis hin zu den Ladehütten. Darüber hinaus beeindruckt das Halltal mit der einmaligen Felskulisse von Bettelwurf, Speckkarspitze oder Großem Lafatscher, um nur einige der bekannten Berge zu nennen.
Unter dem Lafatscherjoch breitet sich der **Issanger** aus, im Jagdbuch von Kaiser Maximilian I. als See genannt, heute verlandet. Blütenreiche Nasswiesen erinnern noch daran. Vorbei an den durch eine „Jahrhundertlawine" ramponierten **Herrenhäusern**, dem einstigen Verwaltungssitz des Haller Salzbergwerks, und vorbei am St.-Magdalena-Kirchlein, ehemals einsames Bergkloster, und dem Magdalena-Gasthaus führt unser Abstieg durch das wildromantische Halltal am Fluchtsteig hinunter in den Marien-Wallfahrtsort **Absam** und zur alten Salz- und Münzstadt **Hall**.

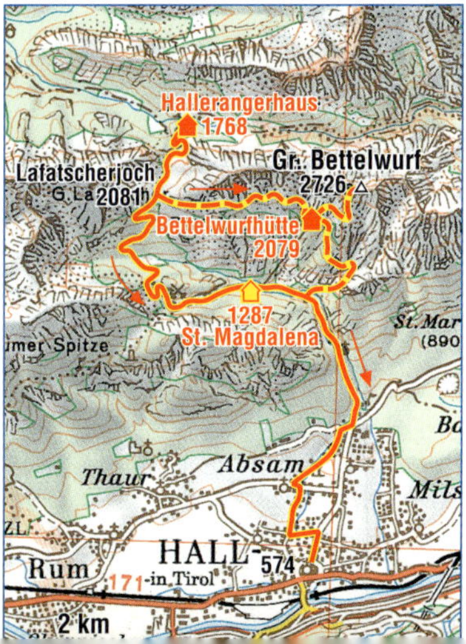

Am Tor zu den Tuxer Alpen

Hall 574 m – 2 Std. – Tulfes 923 m – 2½ Std. – Tulfeinalm 2035 m – 1½ Std. – Glungezerhütte 2610 m

6 Std.
↗ 2050 Hm

Weglänge/Gehzeit: Hall – Glungezerhütte 5–6 Std., 2050 Hm Aufstieg; ab Tulfes: 4–5 Std., 1700 Hm; ab Tulfein: 1½ Std., 600 Hm.
Schwierigkeiten: leichte Bergwanderung; markiert; blau.

Einkehr am Weg: Ghs. in Hall und Tulfes; Gluckserhütte, Ghs. Halsmarter, Tulfeinalm.
Übernachtung: Glungezerhütte (2610 m).
Nächster Talort: Hall; Bahn und Bus.

Von Hall aus kann man mit dem Postbus nach Tulfes und mit der Glungezerbahn (Lift) zur **Tulfeinalm** fahren, um zur Glungezerhütte aufzusteigen und am nächsten Tag die Gratüberschreitung zum Naviser Jöchl und übers Klammjoch zur Lizumer Hütte anzugehen. Falls Wetter- oder persönliche „Verhältnisse“ die anspruchsvolle Gratüberschreitung nicht zulassen, kann man von Tulfes durchs Voldertal zum Naviser Jöchl ansteigen (siehe 5. Tag, Variante c, S. 24).

Am Glungezergipfel, Blick gegen die Nordkette des Karwendels

Gipfelkreuz der Kreuzspitze, einer der „Tuxer seven summits“

Die Wege Nr. 38/37 oder der Glungezerlift bringen uns von **Tulfes** zur Tulfeinalm (2035 m). Wir wandern in ca. 1½ Std. auf dem „Kurt-Recheis-Weg“ Nr. 333 über das **Tulfeinjöchl** (2278 m) und den Glungezer-Panoramasteig zur **Glungezerhütte** (2610 m). Der 10-Min.-Abstecher zur Sonnenspitze (2639 m) gewährt schöne Blicke auf Karwendel und Inntal. Vom Glungezergipfel lohnt das 360-Grad-Panorama auf mindestens 360 Alpengipfel: vom Großglockner bis zur Zugspitze, vom Karwendel bis in die Dolomiten und zur Wildspitze. Die Glungezerhütte des OeAV Hall in Tirol wurde 1933 zur 1. FIS-Ski-Weltmeisterschaft in Innsbruck vom Tiroler Architekten Theodor Prachensky erbaut. Sie ist beliebtes Ziel einer der meistbegangenen Skitouren Tirols zum Glungezer und eine von zwei Tiroler AV-Hütten mit zwei Gütesiegeln, dem OeAV-Hüttensiegel und dem Bergwege-Gütesiegel des Landes Tirol.

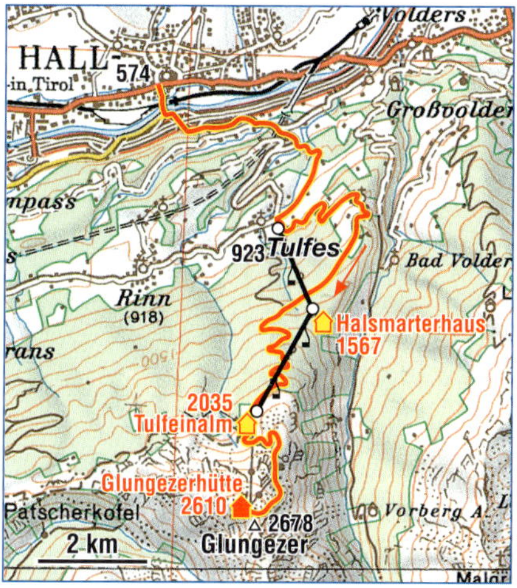

Tag 5

Tour 1

Die Königsetappe über die Tuxer „seven summits“

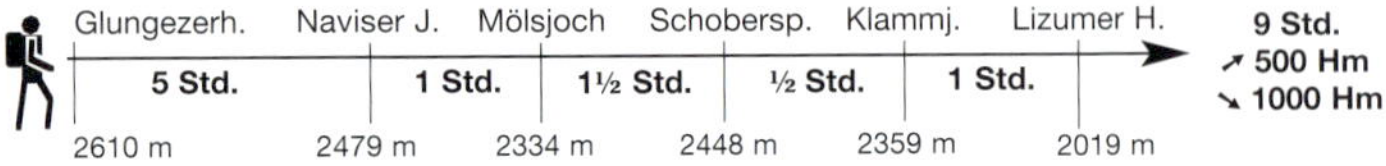

Weglänge/Gehzeit: 8–10 Std. insgesamt; vom Naviser Jöchl bis zur Lizumer Hütte sind es 3 Std. Gratwanderung zwischen 2610 m – 2796 m – 2019 m mit insgesamt 500 Hm Aufstieg, 1000 Hm Abstieg.
Schwierigkeiten: lange, mittelschwierige und sehr schöne Gratwanderung; markiert; zwei seilversicherte kurze Abstiege; zwei Notunterstände am Weg; rot, einige Stellen schwarz. Die Gratüberschreitung ist nur bei guten Bedingungen, ausreichend Kondition und zeitigem Aufbruch zu empfehlen. Als Ausweichroute bietet sich die Variante über den „Gwannsteig“ (rot) an.
Einkehr am Weg: keine; auch keine Quellen.
Übernachtung: Lizumer Hütte (2019 m).
Tipp: Die Wattener Lizum dient dem österreichischen Bundesheer als Übungsplatz für die Alpinausbildung der Soldaten. Den Hüttenwirt fragen, ob Sperrzeiten des Bundesheeres zu beachten sind.
Nächster Talort: Hall; Bahn und Bus.

Von der **Glungezerhütte** aus erwartet uns die „Königsetappe“ über die „seven summits“ der Tuxer Alpen in die Wattener Lizum: Die Strecke führt vom **Glungezer** auf einem Steiglein über „uriges“ Urgestein entlang des gut markierten Blockgrates über sieben Gipfel (Gamslahnerspitze, 2681 m – Kreuzspitze, 2746 m – Rosenjoch, 2796 m – Grünbergspitze, 2790 m – Grafmartspitze, 2720 m) in stetem Auf und Ab zum

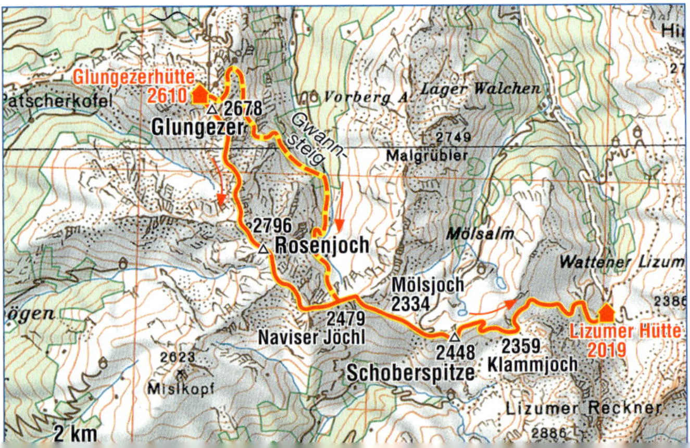

In der „Wilden Lizum“ im Wattental

Naviser Jöchl (2479 m). Hier heroben kann man die Einsamkeit der Tuxer Alpen, voll genießen. Urgestein in mannigfaltiger Ausblühung, schneebedeckte Gipfel und Gletscher bestimmen den Blick dieser ausgefüllten Tagesetappe, die uns in die Zentralalpen leitet.

Vom Naviser Jöchl zuerst ein paar Schritte nördlich auf die Voldertalseite, dann 20 Hm östlich ansteigend auf die Südseite, nun am Steig Nr. 27 und 327 zum **Mölsjoch** (2334 m) hinunter und zur **Nördlichen Schoberspitze** (2448 m) wieder hinauf. Unter uns verläuft das landschaftlich beschauliche Navistal Richtung Westen zum Wipptal, unser Blick schweift zu den Zillertalern mit dem Olperer, zu den Stubaiern und bis zur Ötztaler Wildspitze. Hier passieren wir den Wachposten P13 des Bundesheeres, beim Klammsee am **Klammjoch** P14a, ehe der Weg zur Lizum und Lizumer Hütte (2019 m) hinunterführt. Beim Abstieg vom Klammjoch zweigt unterhalb der Schottebenalm (2100 m) rechts ein Abkürzungssteig direkt zur **Lizumer Hütte** ab. Diese Route ist eine Variante des „Tiroler Adlerweges“.

Von Stürmen mitgenommene Wegetafel am Glungezer

Die Wattener Lizum dient dem österreichischen Bundesheer als Übungsplatz für die Alpinausbildung der Soldaten. Unterhalb der Lizumer Hütte liegen die Heeresgebäude und die Hütten des Almdorfes Lizum.

Varianten

● a) Von der Glungezerhütte auf Steig Nr. 333 in ca. 30 Min. hinunter zum Tulfeinjöchl (2278 m). Bei der Materialseilbahn-Talstation südöstlich Richtung Voldertal zum „Gwannsteig" Nr. 350 (Sanierungsarbeiten im Frühjahr 2005) einschwenken. Der „Gwannsteig" bringt uns am Osthang des Glungezers talein. Der Bergflanke entlang ziehen wir zur Gwannschafalm (1966 m) und weiter zur Steinkasernalm (2002 m), bis hierher 1½–2 Std. Am Weg Nr. 331 über die Melkböden zum Naviser Jöchl (2479 m) hinauf (insgesamt ca. 4 Std.). Weiter wie oben beschrieben; rot, eine Stelle schwarz.

● b) Abstieg bis Halsmarter und über die Voldertalhütte zum Naviser Jöchl. 6–7 Std.; rot.

● c) Von Tulfes über Windegg ins Voldertal und zur Naturfreundehütte Voldertalhütte (1374 m), 2–2½ Std. Am Almweg 331 über Nößlachalm, Vorbergalm, Steinkasern zum Naviser Jöchl (3½–4 Std.) Weiter wie oben beschrieben auf Steig Nr. 27 und Weg 327 zum Klammjoch und in die Lizum hinab. Gesamtzeit: Tulfes–Lizum 8–9 Std.; blau.

Reklame fürs Bergsteigen vor 400 Jahren

In der Nähe des Naviser Jöchls rastet im August des Jahres 1608 der berühmte Haller Stiftsarzt Dr. Hippolytus Guarinoni, der Erbauer der Rokoko-Karlskirche in Volders, heute an der A12, Inntalautobahn gelegen. Er ist einer der ersten „Bergsteiger aus Leidenschaft", der u. a. von Hall aus durchs Voldertal zum Naviser Jöchl und zur Naviser Sonnenspitze hinaufstieg. „Am Joch sitzen wir wie zu Pferd, den einen Fuß in das okzidentalische, den anderen in das orientalische Tal hängend und ergötzen uns an der weiten Aussicht – und am kühlen Wein!", schreibt Guarinoni. Er erkennt und würdigt als einer der Ersten die Schönheit der Bergwelt und propagiert das Bergsteigen „als gesund für Leib und Seele". Seine „Bergwanderung aus Neugier und Lust" ist eine der ältesten deutschsprachigen Schilderungen eines Bergabenteuers.

Über grünen Serpentin zum Olpererblick

Lizumer H.		Pluderlingsattel		Geier		Lizumer Reckner		Tuxerjochhaus
	2½ Std.		½ Std.		½ Std.		3½ Std.	
2019 m		2743 m		2857 m		2886 m		2313 m

7 Std.
↗ 1050 Hm
↘ 750 Hm

Weglänge/Gehzeit: 6–7 Std.; 11 km; Aufstieg 1050 Hm, Abstieg 750 Hm.
Schwierigkeiten: lange Bergwanderung, Trittsicherheit im Abstieg erforderlich; markiert, mittelschwierig, rot.
Einkehr am Weg: keine.
Übernachtung: Tuxerjochhaus (2313 m) oder Spannagelhaus (2531 m).
Nächster Talort: Wattens-Kristallwelten und Mayrhofen-Hintertux; von dort alternativer Einstieg in die Tour möglich.

Die Morgensonne spiegelt sich beim Aufbruch im kleinen Teich der Lizumer Hütte. Das erstes Ziel ist der Pluderlingsattel oder das Geierjoch zwischen Geier und Pluderling. Wir wenden uns dem Steig Nr. 323 über die Lizumer Böden zu. An der östlichen Talseite entlang geht's zunächst gemütlich, dann steil und eher mühsam bergauf bis zum **Pluderlingsattel** (2743 m, 2½–3 Std.). Weil diese Etappe eher kürzer ist, können wir den 20-Min.-Abstecher zum aussichtsreichen **Geier** (2857 m) oder gar zum **Lizumer Reckner** (2886 m), der kühnsten Berggestalt der Tuxer, mit nochmals 30 Min. extra riskieren. Die Aussicht von dort reicht von den Hohen Tauern bis zu den Ötztaler Alpen.
Wir befinden uns hier im Reich des dunkelgrünen Serpentins. Wo Quarz ist, findet man auch schöne Kristalle.
Vom Pluderlingsattel schauen wir auf den kleinen runden Juns-

see hinunter. Am Steig 323 steigen wir steil auf der Südseite am **Junssee** vorbei in die wildromantische Landschaft der Toten Böden hinab. Eine Zeit lang bleiben wir auf etwa gleicher Höhe und halten uns rechts an die Berghänge, die von wunderbaren Alpenblumen überzogen sind. Der nächste Aufstieg erfolgt zum **Gschützspitzsattel**, von dort sehen wir bereits das Tagesziel. Bis dorthin ist es aber noch ein Stück. Zunächst noch einmal steil hinunter zum **Weitentalbach** (2020 m) und in weitem Bogen auf breitem Weg ansteigend zum renovierten **Tuxerjochhaus** (2313 m). Die Aussicht auf den eisgepanzerten Olperer, auf Gefrorene Wand und den Hohen Riffler beeindruckt immer wieder.

Tuxerjochhaus

Wer für heute noch nicht genug hat, kann bis zum Spannagelhaus (2531 m) weiterwandern (1½–2 Std.).

Variante:

● Für weniger Geübte oder bei Schlechtwetter empfiehlt sich, diese und die nächste, anspruchsvolle Etappe folgendermaßen zu umgehen: Lizumer Hütte – Torjoch – Vorderlanersbach – mit dem Bus nach Finkenberg/Mayrhofen und über Ginzling zum Schlegeis-Stausee und von dort weiter dann zum Pfitscher Joch (siehe 8. Tag, Karte S. 30).

Hoher Riffler mit Friesenbergscharte

Mit den Gletschern auf Tuchfühlung

Tuxerjochh.	Spannagelh.	Friesenbergscharte	Friesenbergh.	6 Std.
2 Std.	3 Std.	1 Std.		↗ 900 Hm
2313 m	2531 m	2904 m	2498 m	↘ 800 Hm

Weglänge/Gehzeit: 6 Std. (mit Seilbahnfahrt, sonst eine Stunde länger), 9 km, Aufstieg 900 Hm, Abstieg 800 Hm.
Schwierigkeiten: hochalpine, anspruchsvolle Überschreitung, teils Altschneefelder, ein Teilstück ist leicht vergletschert; Abstieg teils versichert; Trittsicherheit erforderlich; markiert. Bei Nebel heikel. Früher Aufbruch ratsam. Erkundigen Sie sich vorab, ob der Steig zur Friesenbergscharte vereist ist; rot/schwarz.
Einkehr am Weg: Spannagelhaus (2531 m).
Übernachtung: Friesenberghaus (2498 m).

Die Gletscher begleiten uns auf diesem Teilstück hautnah. Man steigt entweder vom Tuxerjochhaus kurz am Weg 326/324 hinab zur Sommerbergalm (1986 m) und fährt dann mit der Gletscher-Seilbahn zum Spannagelhaus oder man wählt den direkten Weg 326 dorthin, der etwa auf halber Strecke abzweigt und als Weg 325 zum Spannagelhaus (2531 m), einst Weryhütte genannt, führt.
Vom **Spannagelhaus** halten wir auf dem gut bezeichneten Steig 526 über das Gefrorene-Wand-Kees – die Gletscher im Zillertal heißen Kees – auf die 2904 Meter hohe **Friesenbergscharte** zu, dem höchsten Punkt der Alpentour, zugleich wohl auch ein Glanzpunkt der ganzen Trekkingroute. Früh aufbrechen, solange die Schneefelder zur Friesenbergscharte noch

Gefrorene Wand vom Tuxerjochhaus aus

hart sind, sonst wird es anstrengend!
Das letzte Stück des Anstiegs zur Scharte verläuft steil, weg- und markierungslos über Geröll, das auch das Eis des zu querenden Gletscherausläufers teilweise bedeckt. Um sich zu orientieren, steuert man am besten den Markierungspfosten im Schartendurchgang an. Der schmale Übergang öffnet sich nur etwa mannsbreit zwischen steilen Felszacken, bei schlechter Sicht muss man schon ganz genau schauen und suchen.

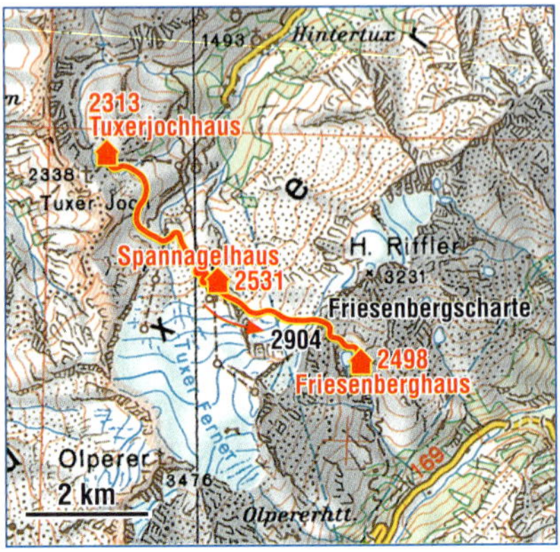

Jenseits bergab steil hinunter, mit Drahtseilen und Klammern versichert, dann teilweise über Blockwerk und Schutt zum Friesenbergsee und zum **Friesenberghaus** (2498 m). Hier eröffnet sich uns ein grandioser Ausblick auf den „eisigen" Zillertaler Hauptkamm.

Spannagelhöhle

Hier am Hintertuxer Gletscher empfiehlt sich eine Besichtigung der zehn Kilometer langen Spannagelhöhle, der bedeutendsten Tropfsteinhöhle Tirols. Direkt unter der Hütte befindet sich der Eingang zu dieser Schauhöhle, die durch eiszeitliches Schmelzwasser entstanden ist. Zehn Kilometer dieses Höhlensystems sind vermessen, 500 Meter können besichtigt werden, man braucht aber einen Führer dazu. Als „Höhlenforscher" erhält man natürlich die entsprechende Ausrüstung wie wasserdichte Jacke und Helm. Die Führung kostet 11 €. Höhepunkt der Erkundung ist die „Halle der Vereinigung", am tiefsten Punkt der Führung, 15 m unter der Eisoberfläche. Hier in diesem unterirdischen Höhlenmuseum sieht man „Bändermarmor" und 30.000 Jahre alte Tropfsteine.

Über den Schlegeisspeicher zum Alpenhauptkamm

Friesenbergh. 2498 m – 2½ Std. – Olpererh. 2388 m – 1½ Std. – Schlegeis-Stausee 1785 m – 2 Std. – Pfitscherjochh. 2275 m

6 Std.
↗ 700 Hm
↘ 450 Hm

Weglänge/Gehzeit: 4 Std. über Dominikushütte, 6 Std. über Olpererhütte (Spannagelhaus – Pfitscherjochhaus: 7–8 Std.); Abstieg 700 Hm; Aufstieg 450 Hm.
Schwierigkeiten: leichte Bergwanderung mit prächtigem Gletscherblick; markiert; blau.
Einkehr/Übernachtung: Olpererhütte, Dominikushütte, Pfitscherjochhaus. Am Schlegeisspeicher Einkehrmöglichkeiten und Kiosk für Verproviantierung. Telefon am Parkplatz.
Nächster Talort: vom Schlegeis mehrmals täglich Busverbindung nach Mayrhofen im Zillertal.

Vom **Friesenberghaus** aus bestehen zwei Möglichkeiten für den Weiterweg zum Schlegeis-Stausee (die man evtl. auch noch am Vortag „anhängen" kann):

● a) Auf sehr gutem Weg Nr. 532 in 2 Std. Abstieg zur etwas oberhalb des Schlegeisspeichers gelegenen **Dominikushütte** (1805 m).

● b) Weiterweg „in der Höhe": in 2 Std. am Weg 526, einem Teilstück des Berliner Höhenweges, zur **Olpererhütte** (2388 m; Nächtigungsmöglichkeit). Von der Olpererhütte in 1½ Std. hinunter zum Stausee bzw. zur **Dominikushütte**.

Nun folgt der gemütliche Abschnitt von der Dominikushütte bzw. von Schlegeis auf der Fahrstraße entlang des Speichersees bis zur Brücke am **Zamser Gatterl**. Auf der südöstlichen Bachseite wandern wir bequem am Weg 524 zum langgestreckten Sattel des **Pfit-**

Pfitscherjochhaus

scher Jochs (2248 m). Die Linie des Alpenhauptkamms erreichen wir nach landschaftlich schönem Anstieg. Am Pfitscher Joch überschreiten wir die Grenze von Österreich nach Südtirol bzw. Italien und erreichen nach 2 Std. das **Pfitscherjochhaus.**

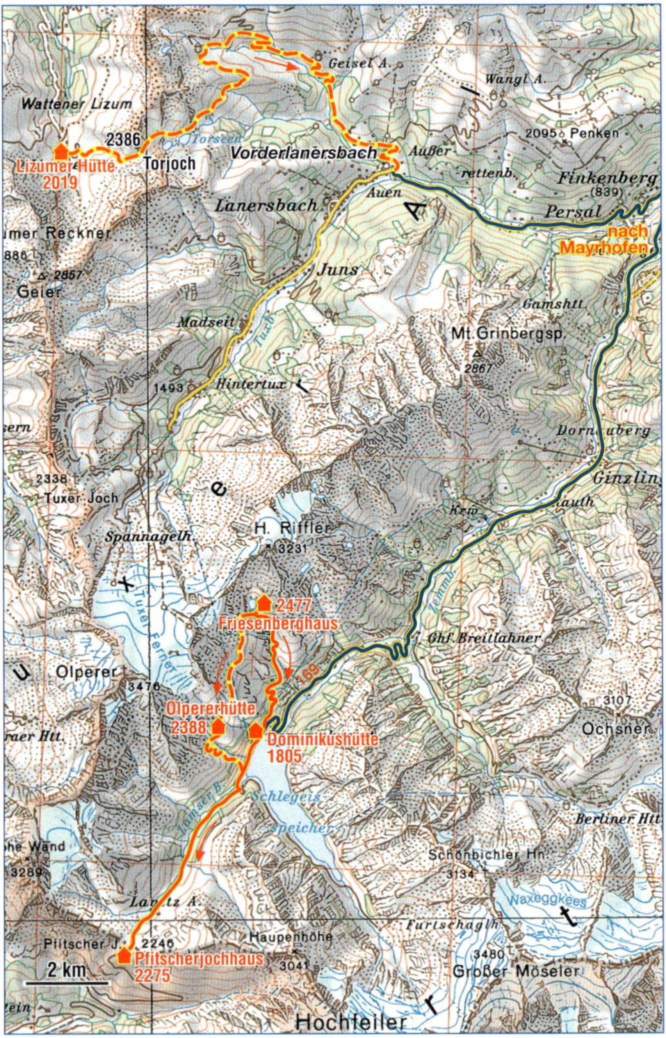

Über den Landshuter Höhenweg ins Pfitscher Tal

Weglänge/Gehzeit: 5 Std. 700 Hm.
Schwierigkeiten: leichte Bergwanderung; markiert; blau bzw. rot.

Einkehr/Übernachtung: Ghs. Bartlhof in Stein, Tel.: 0472/60128.

Vom Pfitscherjochhaus hat man wieder zwei Möglichkeiten:
● a) Die alte Militärstraße windet sich nach Stein im Pfitscher Tal (1555 m) hinunter. Man muss aber nicht auf der Straße gehen, sondern wählt besser den Wandersteig Nr. 3 ins Tal, der gleich beim Pfitscherjochhaus mit Wegweiser „Stein" abzweigt. Nr. 3 trifft am Ende des öffentlich befahrbaren Bereichs in einer Kehre wieder auf die Militärstraße. Nach einem kurzen Stück zweigt abermals ein Steig rechts ab, der durch Wald und über Wiesen nach **Stein** führt; 2 Std. 700 Hm.
Wer die Tour hier beenden will, geht oder fährt (mit dem Talbus) von Stein 30 km hinaus nach Sterzing zur Brennerbahn bzw. Brenner-Autobahn.

Das schmale Band des Landshuter Höhenwegs

● b) **Landshuter Höhenweg:** Eine landschaftlich schöne und lohnende Variante bietet der Landshuter Höhenweg, der vom Pfitscher Joch, also direkt ab der Grenze, in Richtung Landshuter Europahütte führt. Der Weg zeichnet sich durch große Platten aus, auf denen man sehr gut gehen kann. Der Landshuter Höhenweg gewährt herrliche Ausblicke ins Pfitscher Tal und auf die Pfunderer Berge. Zugleich kann man von hier aus sehr gut den Aufstieg der nächsten Etappe auf der anderen Talseite zur Gliderscharte begutachten. Kurz vor der Landshuter Europahütte (2713 m) biegt man ins Tal des Aigerbaches ab, der idyllisch über die Almen fließt, und steigt nach St. Jakob (1450 m) hinunter. Von St. Jakob aus erreicht man taleinwärts in ca. 1 Std. Stein. Insgesamt 5 Std. Gehzeit, 1260 Hm, Schwierigkeit blau.

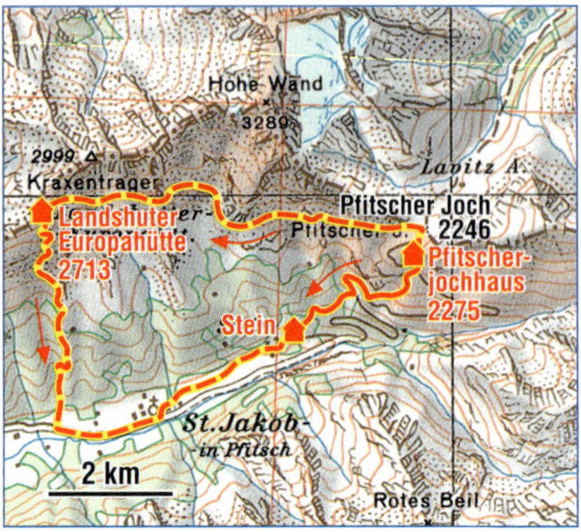

Blick auf die Landshuter Europahütte

Über die Gliderscharte nach Pfunders

Stein		Glidersch.		Grindler S.		Engbergalm		Dunerkl.		Pfunders
	3¼ Std.		½ Std.		½ Std.		1 Std.		2 Std.	
1555 m		2644 m		2450 m		2123 m		1450 m		1158 m

8 Std.
↗ 1125 Hm
↘ 1400 Hm

Weglänge/Gehzeit: 16 km, 7–8 Std. (Gliderscharte – Pfunders: 3½–4 Std.), Anstieg 1125 Hm, Abstieg 1400 Hm.
Schwierigkeiten: einsame und lange, aber unschwierige Etappe am „Schmugglerpfad“; mühsamer Aufstieg zum Gliderschartl; markiert; rot.
Einkehr am Weg: Obere Engbergalm, Ghs. Heubadl in Dun.
Übernachtung: in Pfunders Gasthof Brugger, Tel. 0472/549155 und Ghs. Lärcher, Tel. 0472/549115. Busverbindung nach Vintl im Pustertal (die Busse fahren ca. alle 2 Std.)

Nun steht eine der längeren und anspruchsvolleren Etappen der Tour an. Von Stein aus erwarten uns 1125 Hm Anstieg zur Gliderscharte, abwärts müssen 1400 Hm nach Pfunders bewältigt werden.

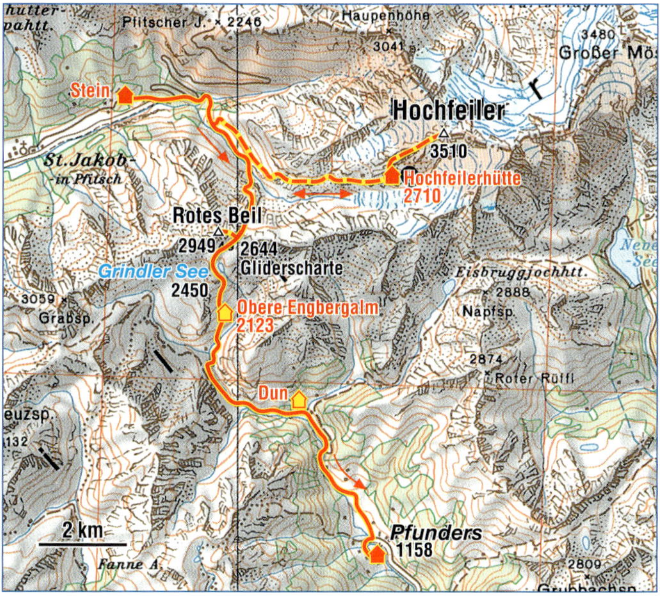

Wir müssen zunächst wieder „zurück“, auf der Straße in Richtung Pfitscher Joch. Bei der dritten Kehre zweigt der Steig Nr. 1 Richtung Hochfeilerhütte ab. Zuerst geht es über Felsen und Äste, dann sehr steil zu den verfallenen Unterberghütten. Hier nehmen wir rechts den gut markierten Steig in das Tal des Gliderbachs. Der Steig zur Gliderscharte war früher weitgehend unbekannt, ist heute aber gut markiert, man kann ihn nicht verfehlen. Zuerst verläuft der Steig an der linken Bachseite, dann auf der rechten Bachseite – man muss unbedingt hier über eine neue und gut befestigte Brücke auf die andere Seite wechseln! Für den unschwierigen Aufstieg zum Joch (2644 m) braucht man gut 3–4 Std.
An der Gliderscharte erfolgt der Abstieg über eine sanfte Hochfläche zum Grindler See (2450 m). Die Route zieht weglos dahin, wir orientieren uns an Steinmännchen und am Verlauf des Baches. Am Abfluss des Sees beginnt der deutlich markierte Abstiegsweg Nr. 20. Vorbei an der Oberen Engbergalm, der Unteren Lapaalm und der Unteren Engbergalm erreicht man die gut ausgebaute Wirtschaftsstraße, die durch die steile, aber schöne Dunerklamm nach Pfunders (1158 m) führt.

Wer genau schaut, erkennt den steilen Anstieg zur Gliderscharte.

Gipfeltour: Hochfeiler (3510 m)

Lohnender Dreitausender mit prachtvollem Gipfelblick auf die Zillertaler und zu den Dolomiten.

Weglänge: insgesamt ab Stein 2000 Hm, 5–6 Std.

Schwierigkeit: rot; wenn vereister Gipfelaufschwung: schwarz.

Route: Von Stein am Fahrweg Richtung Pfitscher Joch, bei der dritten Kehre Abzweigung nach Osten ins Gliderbachtal; steil über Almwiesen, Unterberghütten und Almweiden zur Hochfeilerhütte (2710 m; 3–3½ Std. ab Stein). Steiler Gipfelaufschwung, bei guten Bedingungen eisfrei; 800 Hm, 2–2½ Std.

Am Hochfeiler

Rückkehr zum Ausgangsort

Von Pfunders nach Niedervintl braucht man zu Fuß 2 Std. Vom Bahnhof in **Vintl** fährt alle 30 Minuten ein Bus in die alte Bischofsstadt **Brixen**, eine der schönsten Städte Südtirols. Von dort mit der Bahn zurück nach Innsbruck bzw. Garmisch oder München.

Die Hütten am Weg

Karwendelhaus (1765 m), DAV Oberland München; 50 Zimmer, 150 Lager; bew. Anfang Juni bis Mitte Okt.; Tel./ Fax ++43/5213/5623; Talort: Scharnitz (Bahn, Bus, Pkw). Zugang: ab Scharnitz 4–5 Std.

Falkenhütte (1846 m), DAV Oberland-München; 23 Zimmer, 110 Lager; bew. Anfang Juni bis Mitte Okt.; Tel. ++43/5243/5134 oder ++43/5245/245; Talort: Scharnitz (Bus, Pkw). Zugang: ab Scharnitz 8 Std.; von Hinterriss 4 Std.

Hallerangerhaus (1768 m), DAV Schwaben-Stuttgart; 24 Zimmer, 72 Lager; bew. Anfang Juni bis Mitte Okt.; Tel./ Fax ++43/5213/5326; Talort: Hall (Bahn, Bus, Pkw); Scharnitz (Bahn, Bus, Pkw). Zugang: ab Hall über Absam 3½ Std.

Bettelwurfhütte (2079 m), OeAV-Zweig Innsbruck; 8 Zimmer, 68 Lager; bew. Mitte Juni bis Mitte Okt.; Tel. ++43/5223/53353; Talort: Hall (Bahn, Bus, Pkw). Zugang: von Hall 4½ Std.; ab Absam/Halltal 2½ Std.
www.bettelwurfhuette.at

Glungezerhütte (2610 m), OeAV Hall i. T.; 40 Schlafplätze; Tel. ++43/5223/78018; www.glungezer.at.
Talort: Hall (Bahn, Bus, Pkw); Zugang: ab Tulfes mit Glungezerbahn 1½ Std.

Lizumer Hütte (2019 m), OeAV Hall i. T.; 80 Schlafplätze; Tel. u. Fax ++43/5224/52111; www.lizumerhuette.at; Talort: Wattens (Bahn, Bus, Pkw). Zugang: Wattens – Walchen – Lizum 5–6 Std.

Tuxerjochhaus (2313 m), ÖTK; 13 Zimmer, 28 Lager; Tel. ++43/5287/87216; www.tuxeralpen.at; Talorte: Tux und Mayrhofen (Zillertalbahn, Bus, Pkw). Zugang: Mayrhofen – Hintertux 2 Std.

Spannagelhaus (2531 m), ÖTK; 20 Zimmer, 27 Lager; Tel. ++43/5287/87707; Talort: Tux, Zugang von dort in 3½ Std.

Friesenberghaus (2498 m), DAV Berlin; 26 Zimmer, 30 Lager; bew. Mitte Juni bis Ende Sept.; Tel. ++43/676/7497550; Talort: Ginzling (Bus, Pkw). Zugang: vom Schlegeisspeicher 2 Std.

Dominikushütte (1805 m), Privathütte am Schlegeisspeicher, Parkplatz; 13 Betten und 18 Lager; Tel./Fax ++43/5286/5216; Talort: Ginzling (Bus, Pkw).

Olpererhütte (2388 m), DAV-Sektion Neumarkt/Oberpfalz; 42 Lager; bew. Anfang Juni bis Ende Sept.; Tel. Hütte: ++43/664/3706709; Anstieg ab Schlegeisspeicher (1785 m) 1½ Std.; Talorte: Ginzling, Mayrhofen (Bus).

Pfitscherjochhaus (2275 m), Privatgasthaus; 30 Betten; Tel. ++39/0472/630119; Talorte: Ginzling, Mayrhofen (Zillertalbahn. Bus, Pkw); Zugang: vom Schlegeisstausee 2 Std.; von Stein im Pfitscher Tal 1½ Std. (Fahrweg zur Hütte).

Talort-Info

Hall i. T., TV Region Hall, Tel. ++43/5223/56929
www.regionhall.at
Scharnitz, TV Tel. ++43/5213/5270
Tux/Hintertux, TV Tel. ++43/5287/606
Mayrhofen, TV Tel. ++43/5285/2305

Empfehlenswerte Karten

AV-Karte 31/5, Innsbruck und Umgebung, 1:50.000
AV-Karte 35/1, Zillertaler Alpen, 1:25.000
AV-Karten 5/1,2, Karwendel, Mittl. und Westl. Blatt, 1:25.000
AV-Karte 31/3, Brennerberge, 1:50.000

Tour 2
Auf Ötzis Spuren

Von Oberstdorf durch die Lechtaler und Ötztaler Alpen in den Vinschgau

Dieser Trans-Alp-Treck führt teils auf der Via Alpina „Gelb", teils auf dem interessantesten Abschnitt des Europäischen Fernwanderweges E5 von Oberstdorf im Allgäu an der Alpennordseite über den Alpenhauptkamm nach Meran an der Alpensüdseite. Auf einer Länge von etwa 150 Kilometern sind 4650 Hm bergauf und etwa 6250 Hm bergab zu überwinden. Die Route beginnt in Oberstdorf in Bayern, am Schnittpunkt der gelben, roten und violetten Wege der Via Alpina. Aus dem almwirtschaftlich geprägten Allgäu mit seinen bunten Blumenwiesen und steilen Grasbergen geht es zunächst ins schroffe Kalkgestein der Lechtaler Alpen und dann hinab in die bewaldeten Höhen des Inntals. Wer eine kürzere Über-

Route und Etappen

● **1. Tag:** Oberstdorf – Kemptner Hütte: 3½ Std. 850 Hm (auf)

● **2. Tag:** Kemptner Hütte – Mädelejoch – Holzgau – Madautal – Memminger Hütte: 6 Std. 950 Hm (auf), 850 Hm (ab)

● **3. Tag:** Memminger Hütte – Seescharte – Zams – Krahberg – Larcheralm: 9 Std. 450 Hm (auf), 2100 Hm (ab)

● **4. Tag:** Larcheralm – Wenns – Pitztal/Mittelberg – Braunschweiger Hütte: 5 Std. 880 Hm (ab), 1020 Hm (auf)

● **5. Tag:** Braunschweiger Hütte – Pitztaler Jöchl – Panorama-Höhenweg – Vent: 6 Std. 300 Hm (auf), 1100 Hm (ab)

● **6. Tag:** Vent – Martin-Busch-Hütte – Similaunhütte: 5 Std. 1100 Hm (auf)

● **7. Tag:** Similaunhütte – Tisenjoch oder Similaun: 2 Std. 580 Hm (auf/ab)

● **8. Tag:** Similaunhütte – „Labyrinth" – Tisental – Obervernagt/Schnalstal: 2½–3 Std. 1200 Hm (ab)

insgesamt: ca. 150 km in 6 bis 8 Tagesetappen mit durchschnittlich 6 Std. Gehzeit

Blick von Gumpegg oberhalb von Holzgau auf die Talebene von Schönau

schreitung plant, kann in Zams im Inntal oder gar erst in Sölden im Ötztal sehr gut in die Trekkingroute „quereinsteigen". Nun wechselt man in die Zentralalpen zu den noch immer mächtigen, fast endlos scheinenden Gletschern und Bergriesen der Ötztaler Alpen. In einem alten Bericht wird diesen Gletschern wunderbare Heilkraft zugeschrieben: *„Sobald griesgrame und verstummte oder einsilbige Fremde über die Ferner gingen, und auf die dicken Eispfade kamen, wurden sie alsbald munter und gesprächig, selbst ältere Leute sprangen lustig wie die Buben,"* berichtet der Herr Ritter Freiherr von Alpenburg und er bringt einige Nachrichten, dass manche Leute *„wenn sie sich unwohl fühlen, längere Zeit auf dickes reines Fernereis (sich) ausstrecken oder in Eisklüften verweilen, um sich auszufrischen und gesund zu machen".* Probieren Sie selbst aus, ob die Gletscherberührung auch im dritten Jahrtausend noch heilkräftige „Wellness"-Wirkung entfaltet …

Tour 2

An der Ötzi-Fundstelle, oberhalb des Niederjochs (3010 m), erreicht die Route mit 3210 Metern ihren höchsten Punkt (dies ist zugleich die höchste Stelle der Via Alpina, Gelber Weg). Mit der Überquerung der Ötztaler Alpen hin zum südlich-milden Südtiroler Vinschgau vollzieht sich mit dem Landschafts- auch ein markanter Klimawechsel.
Diese klassische Alpenüberquerung besticht durch die Vielfalt der landschaftlichen Eindrücke, lockt mit eindrucksvollen Gipfelmöglichkeiten wie Wildspitze und Similaun und fasziniert vor allem immer wieder durch „Ötzis" Geschichte: Durch ihn wissen wir heute, dass Menschen bereits vor etwa 5000 Jahren den Alpenhauptkamm überquerten!

Am Mittelbergferner in den „Ötztalern", Blick gegen Wildspitze

Eingehtour zur Kemptner Hütte

Oberstdorf — 3½ Std. — Kemptner Hütte
813 m — 1846 m

3½ Std.
↗ 850 Hm

Weglänge/Gehzeit: von Oberstdorf ca. 3½ Std., von Spielmannsau ca. 2½ Std., 850 Hm.

Schwierigkeiten: Eingeh-Etappe, leicht; markiert; blau.
Übernachtung: Kemptner Hütte (1846 m).

Die Tour beginnt in **Spielmannsau**, am Talschluss von Oberstdorf (1002 m; bis hierher fährt von Oberstdorf auch ein Bus). Auf breitem Weg durchs Trettachtal, vorbei an der Materialseilbahn zur Kemptner Hütte (kein Rucksack-Transport!), erfolgt der Aufstieg nach links in den wilden Sperrbachtobel. Vorbei an Altschneefeldern und steilen Gebirgsbächen erreichen wir nach 2½ Std. fast direkt neben dem Weg eine kleine Kapelle, die zu einer kurzen Pause einlädt. Nach ~~einer~~ zwei weiteren Stunde sind wir bei der **Kemptner Hütte** (1846 m) angelangt. Von der Hütte genießt man eine schöne Aussicht auf die höchsten Allgäuer Berge, wie Krottenkopf, Trettachspitze, Mädelegabel, und kann oft auch Murmeltiere, Gämsen und Steinböcke beobachten.

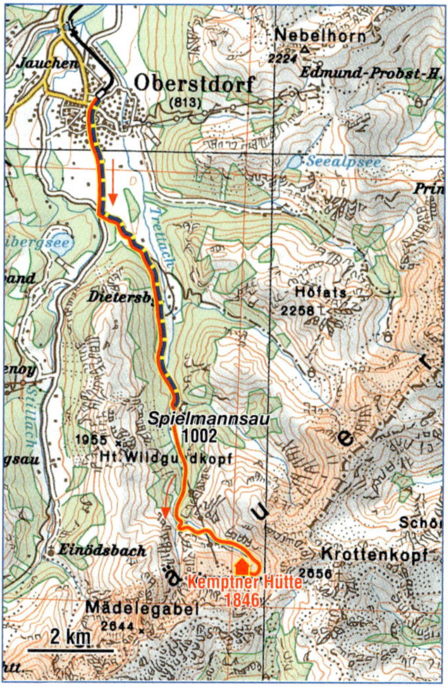

Über die Grenze ins Tiroler Lechtal

Kemptner H.		Mädelejoch		Holzgau		Madautal		Memminger H.	
	1 Std.		2 Std.		Taxi		3 Std.		6 Std. ↗ 950 Hm ↘ 850 Hm
1846 m		1974 m		1114 m		1310 m		2242 m	

Weglänge/Gehzeit: 6 Std., Aufstieg 950 Hm, Abstieg 850 Hm; Kemptner Hütte – Holzgau: ca. 3 Std.; Bach (1066 m) – Memminger Hütte: 5 Std.; bis Ghs. Hermine im Madautal (1300 m) 3 x täglich Taxizubringer, von dort 3 Std. bis zur Hütte.
Schwierigkeiten: leichte Bergwanderung durch die Lechtaler Alpen, über die Grenze nach Tirol und am „Geier-Wally"-Schauplatz vorbei ins Lechtal; markiert; blau.
Einkehr am Weg: Ghs. in Holzgau, Berggh. Hermine im Madautal.
Übernachtung: Memminger Hütte (2242 m).
Nächster Talort: Holzgau im Lechtal.

Von der Kemptner Hütte führt ein guter und beschilderter Steig zum Oberen Mädelejoch (1974 m), dem Grenzübergang von Bayern/Deutschland nach Tirol bzw. Österreich. Hier öffnet sich der Blick auf die Lechtaler Alpen.

Holzgau, inmitten blühender Wiesen

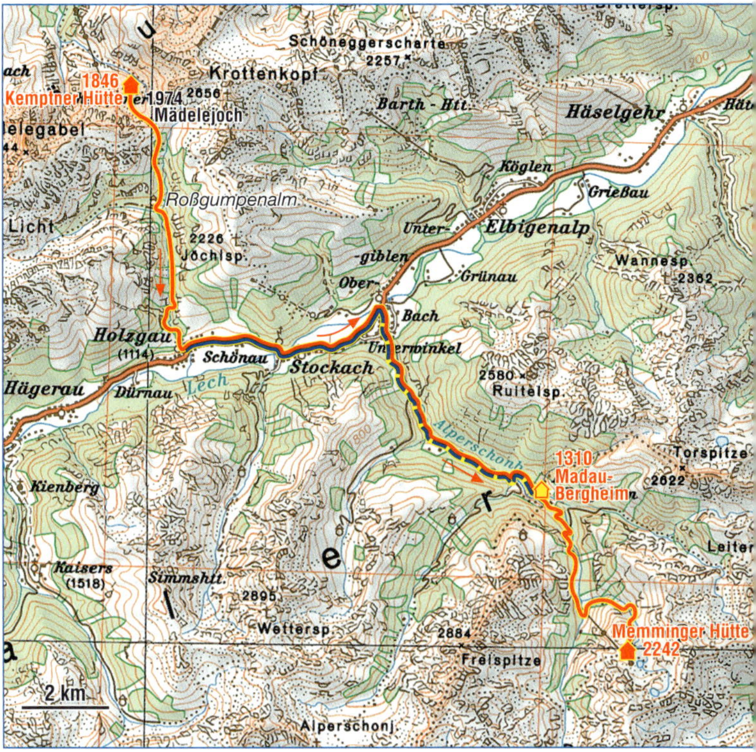

Dann wandern wir steil hinab zur Roßgumpenalm und weiter durch das Höhenbachtal nach Holzgau im Lechtal (1100 m). Am Talende bietet das Höhenbachtal herrliche Blicke auf tosende Wasserfälle, der größte darunter ist der „Simmswasserfall". In Holzgau machen wir Mittagsrast, um uns ein wenig zu erholen. Hier gibt es Einkaufsmöglichkeiten, Bank, Post. Das Madautal-Taxi fährt von hier dreimal täglich bis zum Parkplatz an der Materialseilbahn zur Memminger Hütte (im Ort nachfragen).

Zu Fuß geht's von Holzgau zunächst ein paar Kilometer nach Bach und zum Ausgangspunkt für den nächsten Anstieg, einem der anstrengendsten der gesamten Tour: Von 1400 m im Madautal steigen wir auf 2242 m hinauf zur Memminger Hütte, die am Kreuzungspunkt mit dem berühmten Lechtaler Höhenweg liegt.

Der Wasserfall bei der Unteren Roßgumpenalm im Höhenbachtal

Bei **Bach** zweigen wir vom Lechtal ab und wandern auf kurvenreicher Straße hinein in das reizvolle, wildromantische **Madautal** (1400 m). Neben dem kleinen Berggasthof Hermine in Madau (1310 m) steht ein nettes Barockkirchlein aus dem Jahre 1735. Auf der anderen Talseite befindet sich die 600 m weit emporsteigende Saxerwand, der Schauplatz des Romans über die als Geier-Wally berühmt gewordene Malerin Anna Knittel.

Dem Parseierbach entlang führt der Weg 632, E5 talein zur Seele-Alpe (1404 m). Vom Parkplatz an der Materialseilbahn (gegen Gebühr Rucksack-Transport bis zur Hütte) geht es links in gut 2 Std. zur Memminger Hütte hinauf. Der Weg verläuft zunächst steil zwischen hohen Büschen durch einen kleinen Tobel bis zum schäumenden Seewi-Wasserfall. Dann wandern wir über weite Wiesen, durch ein florareiches Gebiet mit verschiedenen Enzianarten unter der Oberlahms- und Kleinbergspitze und am Fuß des Seekogels vorbei zur neu renovierten Memminger Hütte (2242 m).

Hier bietet sich die willkommene Gelegenheit, im nahe gelegenen See zu baden und gegen Abend einen kleinen „Spaziergang“ auf den 170 m über der Hütte stehenden grünen Seekogel (2412 m) zu machen. Er bietet einen sehr guten Orientierungsrundblick mit möglicherweise grandiosem Sonnenuntergang.

Der lange Weg übers Inntal ins Pitztal

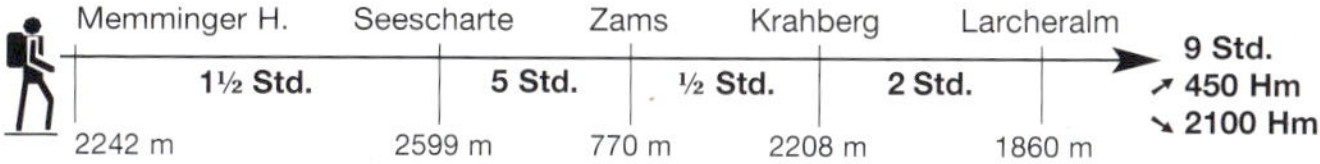

Weglänge/Gehzeit: 9 Std. Memminger Hütte – Larcheralm, Aufstieg 450 m, Abstieg 2100 m; Memminger Hütte – Zams: 6–7 Std.
Schwierigkeiten: schöne lange Etappe ins Inntal und über den Aussichtsberg Krahberg weiter ins Pitztal; markiert; blau. Zeitiger Aufbruch ratsam.
Einkehr am Weg: Ghs. in Zams, Landeck, am Krahberg, Goglesalm, Galflunhütte.
Übernachtung: Galflunhütte, Larcheralm oder in Wenns bzw. Mittelberg im Pitztal.
Nächste Talorte: Zams/Landeck: Bahn, Bus; zahlreiche Unterkünfte, Tourismus-Info.
Wenns im Pitztal: Bus vom Bahnhof Imst, zahlreiche Unterkünfte, Tourismus-Info.

Landschaftlich folgt eine der schönsten Etappen der gesamten Tour, mit Blick auf die wunderbare Parseierspitze, mit ihren 3036 Metern der höchste Gipfel der Lechtaler Alpen und der einzige Dreitausender der Nördlichen Kalkalpen.
Nach zeitigem Aufbruch erreichen wir am Weg Nr. 633, vorbei am Unteren und Mittleren Seewi-See, bald die **Seescharte** (2599 m). Ab dem Mittleren Seewi-See trägt der Weg die Bezeichnung Nr. 631. Hier tut sich dem Auge die intensive Gipfeleinsamkeit der Parseiergruppe mit ihren kühnen Felsspitzen und steilen Wänden auf.

Alpen-Wucherblume: „Die Schwierigkeit ihres Daseins hat sie geadelt" (Karl Heinrich Waggerl)

Der weite Talschluss des Zammer Parseier

In vielen Kehren erfolgt nun der lange und anstrengende Abstieg durchs **Lochbachtal** zur Oberlochalm und weiter zum Gampenwald, wo wir auf den vom Württemberger Haus herkommenden E4 stoßen. Nach dem landschaftlich sehr abwechslungsreichen Teil folgen nun noch 800 Hm Abstieg durch das **Zammer Loch**. Die letzten 45 Min. geht es in Serpentinen schnell hinunter ins **Oberinntal** und noch ca. 20 Min. nach **Zams** (770 m) bei Landeck (Bahnstation, Bank, Einkaufsmöglichkeit, Gasthöfe). Wer eine kürzere Überschreitung plant, kann hier in Zams sehr gut in die Trekkingroute „quer einsteigen“.

Von Zams erleichtert uns die Venet-Seilbahn mit der Auffahrt auf den **Krahberg** (2208 m) die Aufstiegsmühen. Bei schönem Wetter hat man bereits auf dem Krahberg eine wunderschöne Rundumsicht: in nördlicher Richtung die Lechtaler Alpen, die wir gerade durchquert haben, und in südlicher Richtung die beeindruckenden Gipfel der Ortlergruppe. Nach wohlverdienter Panorama-Pause erreichen wir über den Höhenweg Nr. 68 leicht bergab über Almwiesen und ein Hochmoor, vorbei an der **Goglesalm** und der **Galflunhütte** in etwa 2 Std. die gemütliche **Larcheralm** (1860 m).

Varianten:

● a) Wer noch eins draufsetzen will, zieht vom Krahberg am Steig 5 in einer Stunde zum **Venetberg** (2512 m) hinauf. Fast 1800 m fällt der Blick zum grünen Inn hinab. Der Venet gilt als einer der schönsten, leicht erreichbaren Fernsichtberge der Ostalpen. Vom Venetberg schwingt sich der Weg über das Wannejöchl (2497 m) zum Kreuzjoch (2364 m). Von dort bleiben immer noch 1400 m Abstieg zur **Larcheralm** (45 Min.). Man kann auch direkt vom Venetberg nach Piller absteigen (Busverbindung nach Wenns).

● b) Wer lieber im Tal schläft, kann von der **Larcheralm** auf gutem Weg noch nach **Wenns** absteigen und hier Quartier nehmen und/oder von Wenns noch weiter nach Mittelberg fahren und dann entweder dort übernachten (Hotels) oder gar noch zur Braunschweiger Hütte aufsteigen (ca. 3 Std.) – ganz wie es der Tagesplan und vor allem die Kondition erlauben.

Zu den Fernern der Ötztaler Alpen hinauf

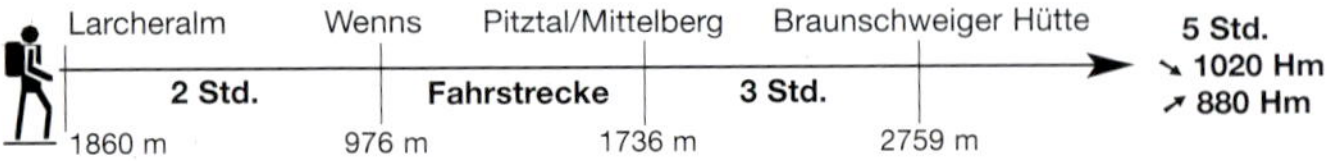

Weglänge/Gehzeit: 5 Std., Abstieg 880 m, Aufstieg 1020 m. Schwierigkeiten: blau; Aufstieg zur Hütte rot.
Einkehr am Weg: Ghs. in Wenns, St. Leonhard, „Gletscherstube" in Mittelberg.
Tipp: Die „Gletscherstube" in Mittelberg bietet einen Shuttleservice zur Braunschweiger Hütte an, Tel. ++43/664/3944118.
Übernachtung: Braunschweiger Hütte (2759 m).
Nächste Talorte: Wenns im Pitztal, Bus vom Bahnhof Imst; zahlreiche Unterkünfte, Tourismus-Info.

Der panoramareiche, einfache Abstieg von der **Larcheralm** hinab nach **Wenns** (976 m) im Pitztal lässt den Tag gemütlich beginnen. Von Wenns fährt man am besten mit dem Postbus (Bushaltestelle vor dem „Pitztaler Hof") in das hintere Pitztal nach **St. Leonhard/Mittelberg** (1736 m). Die „Gletscherstube" in Mittelberg lädt noch zur Stärkung ein, schließlich müssen wir noch 1000 Hm bis zur **Braunschweiger Hütte** (2759 m) überwinden. Direkt an der letzten Bushaltestel-

Braunschweiger Hütte

le in Mittelberg beginnt der Weg zur Hütte. Nach ca. 20 Min. erreichen wir die Materialseilbahn (Rucksack-Transport möglich).
Der weitere Anstieg eröffnet uns eine imposante Gletscherwelt. Vorbei an einem großartigen Gletscherwasserfall und der beeindruckenden Gletscherzunge des Mittelbergferners führt der steile Aufstieg über abgeschliffene Felsen empor. Bald weitet sich der Blick zu den mächtigen Ötztaler Gletschern und zur Braunschweiger Hütte (2759 m) hin. Für Nimmermüde bietet sich als Hüttenberg noch der Karleskopf (2902 m) an.

Alternativer „Anstieg“:

Mit dem „Pitz-Express“ der Pitztaler Gletscherbahn von Mittelberg in sieben Minuten hinauf zur Mittelstation (2841 m). In der Nähe die „Weiße Gletscherkapelle“ von Bildhauer Rudi Wach. Von dort in 1½ Std. über den Mittelbergferner zur Braunschweiger Hütte.

Tosender Gletscherbach am Steig zur Braunschweiger Hütte

Natur und Kultur im Ruhegebiet Ötztaler Alpen

Das Ruhegebiet Ötztaler Alpen umfasst beinahe ausschließlich hochalpines und alpines Gelände. Es bedeckt einen großen Teil des Zentralalpen-Hauptkammes, vom Wurmkogel und Hochfirst im Osten bis zur Weißkugel im Westen. Nach Norden reicht das Gebiet bei Zwieselstein bzw. Mittelberg in die subalpine Waldregion hinunter. Das Ruhegebiet zeichnet sich durch seine Wildheit und Unberührtheit aus und ist noch nicht durch Seilbahnen oder Straßen erschlossen; die besiedelten Gebiete von Obergurgl (höchstes Kirchdorf Österreichs) und Vent – Rofenhöfe (höchste Dauersiedlung Österreichs) sowie die Skigebiete um Obergurgl, Rettenbachjoch, Riffelsee und am Mittelbergferner ausgespart.
Zahlreiche Gipfel ragen über die 3000-Meter-Marke hinauf, hier liegen die höchsten Spitzen (z. B. Wildspitze, Weißkugel, Hochwilde etc.) sowie die größten und längsten Gletscher der Ötztaler Alpen. In vielen überlieferten Sagen spielt die Gletscherwelt der Ötztaler Alpen eine zentrale Rolle, was auch auf die große kulturgeschichtliche Bedeutung der Region hinweist. Auf einer Länge von ungefähr 25 km, genau entlang des Alpenhauptkammes, verläuft die gemeinsame Grenze zwischen Nord- und Südtirol, zwischen Österreich und Italien. Durch Jahrhunderte, ja

Großes Ötztaler Panorama:

sogar durch Jahrtausende sind sich die Menschen in den Ötztaler Alpen auch über beschwerlich zu begehende Jöcher und über Gletscher begegnet. Aus dem hintersten Ötztal besuchten sie den Wallfahrtsort Kaltenbrunn im Kaunertal oder den Markt in Landeck. Aus dem Vinschgau und Schnalstal treiben sie seit ca. 6000 Jahren die Schafe auf die Weiden des Ötztales. Zahlreiche Fundstellen aus der Vor- und Frühgeschichte – die berühmteste ist die des „Mannes aus dem Eis" am Tisenjoch – belegen die jahrtausendealte gemeinsame Kulturgeschichte. Seit ältesten Zeiten wurde zwischen den hintersten Tälern rege hin- und hergeheiratet, mehr als talauswärts. Vielfach finden sich gleiche Familiennamen, ablesbar auf den Friedhöfen, im Passeiertal, im Schnalstal, im hintersten Pitztal, Ötztal und Kaunertal.
Zwischen 1918 und dem Wegfall der Grenzen durch das Schengener Abkommen im Jahre 1998 waren die Verbindungen teilweise stark zusammengebrochen, aber trotz erschwerter Bedingungen gerade zwischen Ötztal, Passeiertal und Schnalstal noch immer erstaunlich rege. Dies wohl auch dank der Schafe und Schmuggler. Heute sind die Ötztaler wieder „grenzenlose" Nachbarn mit den Schnalstalern. Und auch heute noch werden die hochgelegenen Almen von Obergurgl von Südtirol aus als Schafweiden benutzt, wobei die Schafe über uralte Übergänge von Süden heraufgetrieben werden.

Von der Wildspitze bis zur Langtauferer Spitze

Panorama-Höhenweg nach Vent

Braunschweiger H.		Pitztaler Jöchl		Rettenbachferner		Vent
2759 m	1 Std.	2996 m	1 Std.	2671 m	4 Std.	1895 m

6 Std.
↗ 300 Hm
↘ 1100 Hm

Weglänge/Gehzeit: 11 km, 6 Std., Aufstieg 300 Hm, Abstieg 1100 Hm.
Schwierigkeiten: leichte Bergwanderung über Gletscherschnee und ein herrlicher Panoramasteig ins Venter Tal; markiert; rot. Bei unsicherer Wetterlage sollte die Wanderung nicht gestartet werden, da es keine Möglichkeit gibt, vorzeitig ins Venter Tal abzusteigen.
Einkehr am Weg: Jausenstationen am Rettenbachferner und am Tiefenbachferner.
Übernachtung: Vent im Ötztal (1895 m). Übernachtung in Ghs. oder Hotel.
Nächste Talorte: St. Leonhard im Pitztal; Sölden und Vent im Ötztal.

Zunächst erwartet uns ein recht steiler Aufstieg am Steig 918 von der **Braunschweiger Hütte** zum **Pitztaler Jöchl** (2996 m), wo sich eine herrliche Aussicht auf die Ötztaler Bergriesen öffnet.
Vom Jöchl gehen wir, meistens über ein Schneefeld, hinab zum Parkplatz **Rettenbachferner** der Ötztaler Gletscherbahnen. Eine kleine Kapelle erinnert an Opfer eines Seilbahnun-

Blick zum Panorama-Höhenweg im Venter Tal

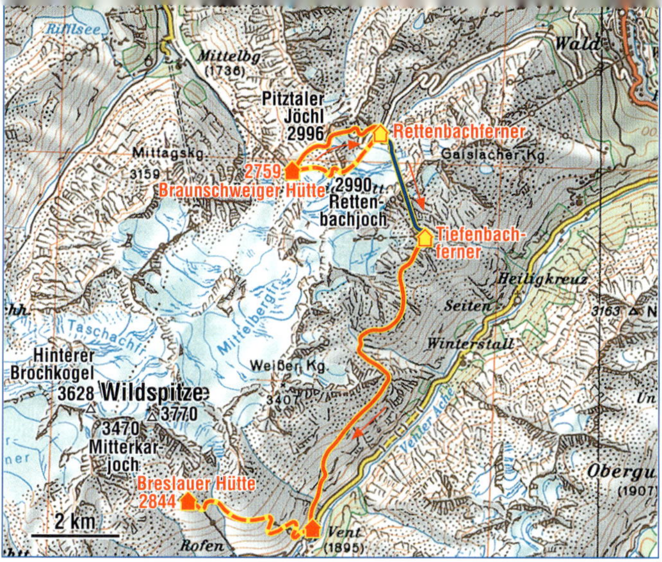

glücks. Mit dem Shuttlebus geht es durch den Rosi-Mittermaier-Tunnel zum Tiefenbachferner, dem Ausgangspunkt des Panorama-Höhenweges.

Variante:

Von der Braunschweiger Hütte übers Rettenbachjoch (2990 m) zum Parkplatz Rettenbachferner, der Abstieg führt inmitten neuer Liftanlagen über den „gewalzten“ Gletscher zum Parkplatz, von hier mit dem Shuttlebus durch den Tunnel zum Tiefenbachferner.

Panorama-Höhenweg Tiefenbachferner – Vent

Mit dem herrlichen hochalpinen Panoramaweg vom **Tiefenbachferner** (2800 m) nach Vent (1895 m) beginnt am Parkplatz des Gletscherskigebietes Tiefenbachferner oberhalb von Sölden für viele der schönste Abschnitt der Tour. Der Weg bietet einen fantastischen Blick in die Welt der Ötztaler und Stubaier Alpen: Wohin man auch sieht, schneebedeckte Gipfel weit über der 3000er-Marke. Nach einem kurzen Anstieg von 5 Min. zweigt der Wanderweg Richtung Venter Tal ab. Er zieht immer leicht absteigend durch weite Kare und Moränenrücken über den Mutboden und der Sonnberg-Flanke entlang hoch über dem Venter Tal hinab zum Gletscherdorf **Vent**, das sich nach 4–5 Std. Gehzeit zeigt.

● Gipfeltour: Wildspitze (3770 m)

Der höchste Punkt Nordtirols bietet eine überwältigende Aussicht auf die Ötztaler Bergwelt. Noch dazu ist der Gipfel relativ leicht erreichbar.
Weglänge/Gehzeit: 8–9 Std. insgesamt; Breslauer Hütte – Gipfel: 3–3½ Std.; Aufstieg/Abstieg Hütte – Wildspitze: 930 Hm; Aufstieg/Abstieg Vent – Wildspitze 1875 Hm.
Schwierigkeit: nur für Geübte mit Gletschererfahrung; schwarz.
Route: Vent – Breslauer Hütte: Am Steig 919 von Vent (1895 m) in Serpentinen nach Stablein (2356 m); bis hierher fährt ein Sessellift. Dann zieht der Steig nordwestwärts unter dem Rofenkar (leichter Abstecher Wildes Mannle, 3923 m) zur Hütte; 3½–4 Std.; mit dem Lift eine Stunde kürzer.
Von der Breslauer Hütte (2844 m) steigt man zunächst den gut bezeichneten Steig Richtung NW auf den Mitterkarferner und umgeht den Süd- und Südwestsporn der Wildspitze bis in die hinterste Gletscherbucht. Man hält auf die tiefste Einsattelung zwischen Wildspitze und Hinterem Brochkogel zu. Über die teils sehr steile Mitterkarscharte erreicht man das Mitterkarjoch (3470 m). Vom Joch quert man dann unter dem steilen Firnrücken fast eben gegen Nordosten in die Firnmulde. Mitten durch den aufsteilenden und von Spalten durchsetzten Hang gelangt man auf einen flacheren Firnboden, wo man im Bogen auf die oftmals vereiste und überwechtete Firnschneide und über sie direkt zum Gipfel gelangt.
Abstieg: wie Aufstieg oder über den Nordgipfel zurück auf den Taschachferner und zum Mitterkarjoch (Vorsicht beim Abstieg).

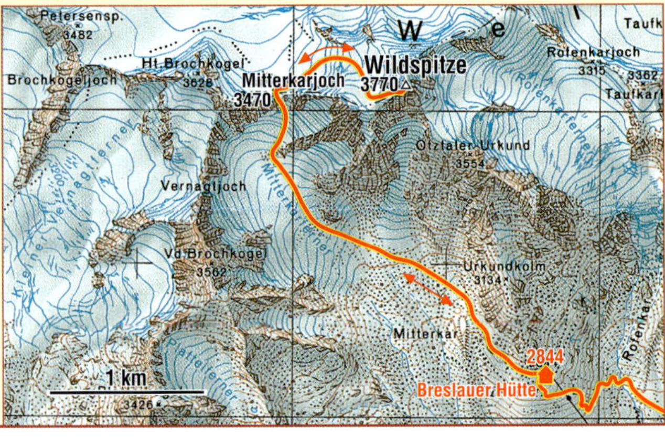

Blick Richtung Wildspitze auf dem Weg zur Braunschweiger Hütte

Auf den Spuren der Geschichte zur Similaunhütte

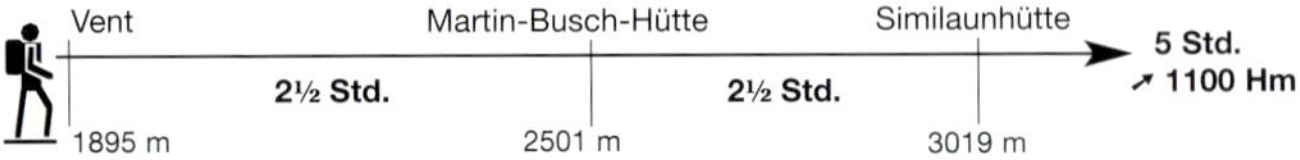

Weglänge/Gehzeit: 5 Std. 1100 Hm.
Schwierigkeiten: leichter Hüttenanstieg mit einer kurzen Begehung des Ferners; markiert; blau/rot.

Einkehr am Weg: Martin-Busch-Hütte (2501 m).
Übernachtung: Similaunhütte (3019 m).
Nächster Talort: Vent im Ötztal (Bus).

Aufgrund der zahlreiche Zeugnisse aus der Vor- und Frühgeschichte wurde von Vent über das Niederjoch nach Schnals der Archäologische Wanderweg A2 eingerichtet, der größtenteils ident mit unserem Weg ist.

Von **Vent** wandern wir gemütlich auf dem Hermann-Küchling-Weg Nr. 923, einem guten Fahrweg, zuerst steil, dann flacher durch das Niedertal mit einem Abstecher zum **Hohlen Stein** (2050 m) gleich zu Beginn und vorbei an den mittelsteinzeitlichen Jägerrastplätzen am **Kaser** (2150 m) zur **Martin-Busch-Hütte** auf Samoar (2501 m). Sie ist ein stattliches Schutzhaus der DAV-Sektion Berlin. Als Hüttengipfel lockt von hier noch die Kreuzspitze (3457 m) im Kreuzkamm, einer der höchsten Gipfel der Ötztaler Alpen, der ohne Gletscherberührung bestiegen werden kann (2½ Std., 600 Hm; blau).

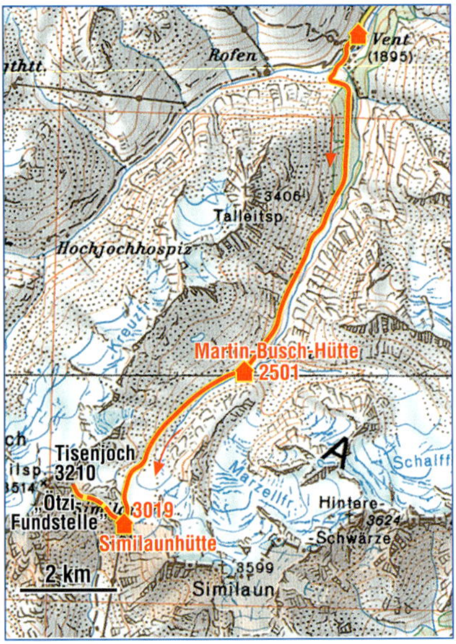

Von der Martin-Busch-Hütte wandern wir nach kurzer Rast auf dem viel begangenen Weg mit geringer Steigung bequem weiter in den breiten Talgrund des Niederjochbachs. Auf einer Seitenmoräne des Niederjochferners geht es anschließend mit einer kurzen Gletscherquerung (kurz, flach, meist gute Spur) zum höchsten Punkt, der **Similaunhütte** (3019 m). Die Hütte, heute an der österreichisch-italienischen Grenze gelegen, wurde vor über 100 Jahren errichtet und ist ein beliebter Stützpunkt für Gipfelbesteigungen, Eis- und Alpinkurse und die klassische Ötztaler Rundtour.

Similaunhütte

Sie steht in aussichtsreicher Lage am Niederjoch im Ötztaler Hauptkamm. Im Osten ist der gesamte Anstieg zum Similaun einzusehen. Das Suldener Dreigestirn Ortler, Zebrú und Königsspitze bildet den Blickfang im Süden, im Westen erhebt sich die Fineilspitze (3516 m), ebenfalls ein begehrtes Tourenziel von der Hütte aus (etwa 1½ Std.). Oberhalb der Hütte befindet sich die Ötzi-Fundstelle.

Gletscherpfarrer Senn

Franz Senn, 1831 geboren, war Pfarrer in Vent. Er betrieb bereits 1861 auf eigene Initiative den Wegebau, regte die Errichtung von Berghütten an und war selbst als Bergsteiger unterwegs. Der „Gletscherpfarrer“ war eines der ersten Mitglieder des Österreichischen Alpenvereins und 1869 maßgeblich an der Gründung des Deutschen Alpenvereins beteiligt. Pfarrer Senns weitblickende Initiativen und eine Reihe günstiger geographischer Voraussetzungen bildeten den Grundstock für den bis heute gültigen Alpintourismus.
Literaturtipp: Oberwalder u. a.: Franz Senn – Alpinismus-Pionier und Mitgründer des Alpenvereins, Tyrolia-Verlag, Innsbruck 2004.

Zur „Ötzi"-Fundstelle und/oder zum Similaun

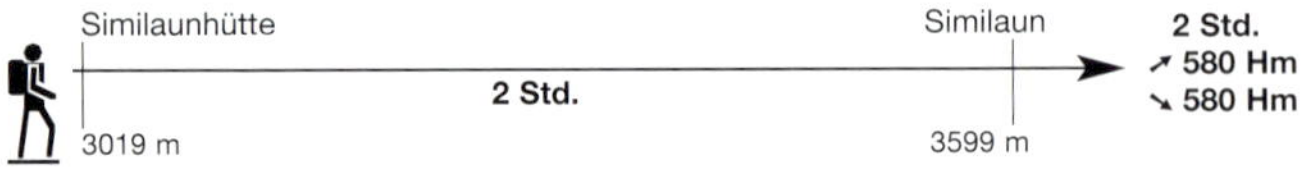

Weglänge/Gehzeit: Similaunhütte – Ötzi-Fundstelle: 1½ Std., 200 Hm; Similaunhütte – Similaun: 2 Std. Aufstieg, 1½ Std. Abstieg, 580 Hm. Rot/schwarz; Gletscherausrüstung.
Schwierigkeiten: Zur Ötzi-Fundstelle leitet ein guter markierter, teils seilversicherter, felsdurchsetzter Pfad. Der Routenverlauf zum Similaun ist übersichtlich und wegen der in der Regel vorhandenen guten Spur bei guten Verhältnissen unproblematisch. Vollständige Gletscherausrüstung ist trotzdem erforderlich, denn schon bei leichter Vereisung erfordert der Firnhang Steigeisen; rot, bei Vereisung schwarz.
Übernachtung: Similaunhütte (3019 m).

Oberhalb der Similaunhütte, eine gute Stunde von der Hütte entfernt, befindet sich am **Tisenjoch** auf 3210 m Höhe die Fundstelle des „Ötzi", wie die Gletschermumie „Homo Tyrolensis" im Volksmund genannt wird. Der lohnende und aussichtsreiche Aufstieg erfolgt über einen felsigen Kamm und auf einem gut markierten und teilweise mit Halteseilen gesicherten Felspfad. Eine schlanke Steinpyramide erinnert an die Auffindung der Mumie des „Mannes aus dem Eis".

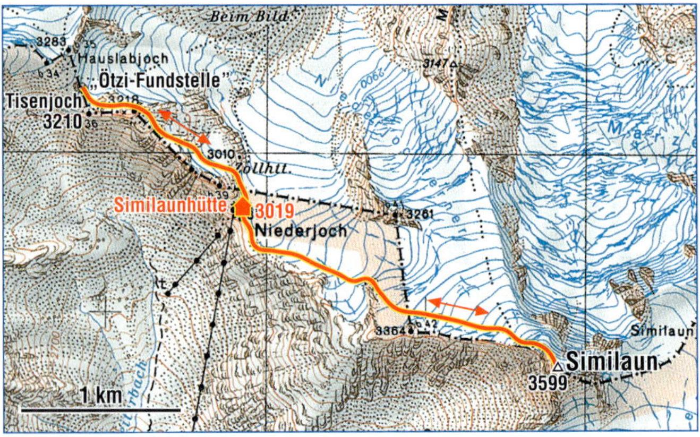

Die Ötzi-Fundstelle am Tisenjoch

Das Nürnberger Ehepaar Simon hat am 19. 9. 1991 zufällig die Mumie des Similaun-Mannes – wie ihn die Italiener nennen – entdeckt. Ihr Alter wird auf ca. 5300 Jahre geschätzt. Die Fundstelle, bei der 1998 noch ein jungsteinzeitlicher Beilholm gefunden wurde, befindet sich in einer hochalpinen Landschaft aus Firn und Urgestein, die in ihrer kargen Erhabenheit einen krassen Kontrast zum Tal bildet. Der Ötzi-Fund belegt eindrucksvoll, dass Menschen bereits vor mehr als 5000 Jahren den Alpenhauptkamm überquerten. Für sie war das Hochgebirge zwar unwirtlich und gefährlich, doch haben die Menschen der Stein- und Bronzezeit die Berge einerseits als Sitz der Götter verehrt und andererseits die Hochweiden bereits wirtschaftlich genutzt.

An der Ötzi-Fundstelle

Über das Tisenjoch, wo „Ötzi“ gefunden wurde, verlief einst ein häufig begangener Übergang, der „Unsere Frau in Schnals“ mit Vent im Ötztal verbunden hat. Heute führt der Weg über das Niederjoch. Einer der besten Kenner des Ötztales und seiner Kultur, Dr. Hans Haid, schreibt zur Bedeutung des Ötzi-Fundes im Alpenvereinsjahrbuch „Berg 2004“: *„Was in den Sagen und der mündlichen Überlieferung seit Jahrtausenden überliefert ist, wurde in den letzten Jahren, intensiviert durch den Ötzi-Fund, durch naturwissenschaftliche Forschungen und durch Funde bestätigt. Im Raum Vent ist an mehreren Punkten eine 10.000-jährige Nutzung durch Menschen nachweisbar. Seit ungefähr 6000 Jahren ist eine Nutzung durch Beweidung feststellbar. Es ist höchstwahrscheinlich, dass seit dieser Zeit im Sommer große Schafherden aus dem Süden in die innersten Weidegründe des Ötztales getrieben werden. Diese Schaftriebe, auch Transhumanz genannt, sind bis auf den heutigen Tag aktuell. Ungefähr 1900 Schafe ziehen über das Niederjoch (3019 m) und etwa 1500 Schafe ziehen über das Hochjoch (2810 m). Weitere Schaftriebe erfolgten bis 1962 über das Gurgler Eisjoch (3154 m). 1500 bis 2000 Schafe werden über das Timmelsjoch (2478 m) getrieben.“*

Similaun, von der Ötzi-Fundstelle aus

Anstieg zum Similaun

Der **Anstieg** ist mit ca. 2 Std. kurz, trotzdem sollte man nicht zu spät aufbrechen. Rot/schwarz; Gletscherausrüstung notwendig.

Den Gipfelanstieg kann man von der Similaunhütte in seiner vollen Länge überblicken. Von der Hütte führen Steigspuren nach Südosten über Moränenschutt zum Einstieg auf den recht flachen Niederjochferner, über den man zum Gipfelhang zieht (Spalten). Zunächst über den Ferner mäßig steil östlich hinauf, dann zum felsigen Westgrat des Similaun. Der Gipfelhang wird an der Südseite erklommen, ein kurzer und mäßig exponierter Firngrat zieht bis zum Gipfelkreuz hinauf. Bei guten Sichtverhältnissen genießt man eine umfassende Aussicht von den Dolomiten im Osten bis zu den Rätischen Alpen im Westen. Im Süden dominiert das mächtige Ortlermassiv den Blick.

Abstieg in den Vinschgau

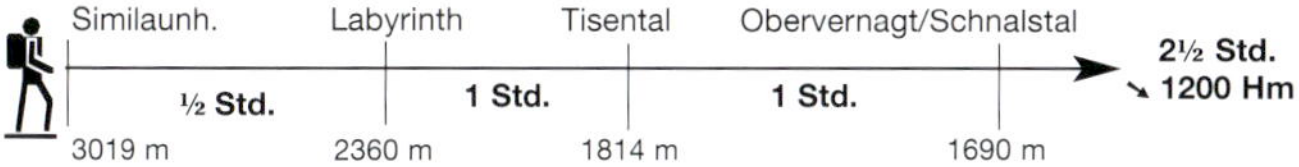

Weglänge/Gehzeit: 2½–3 Std. 1200 Hm Abstieg.
Schwierigkeiten: markiert, rot.
Einkehr am Weg: Tisenhof, Ghs. in Unser Frau im Schnalstal.
Übernachtung: Tisenhof, Ghs. in Unser Frau im Schnalstal.

Von der Scharte nahe der **Similaunhütte** öffnet sich bereits ein imponierender Tiefblick ins Schnalstal mit dem Vernagt-Stausee, unserem letzten Tourenziel. Wer will, kann die Rucksäcke in die Materialseilbahn verladen. So geht es recht angenehm, aber sehr steil hinab ins Tal. Vor dem Abstieg genießen wir nochmals den Prachtblick von der Similaunhütte zum vielleicht glücklich am Vortag bestiegenen Similaun (3599 m), ehe wir uns endgültig dem Schnalstal zuwenden. Der Steig windet sich steil durch eine felsige Rinne talab bis auf ca. 2600 m. Bald erreichen wir zwei steinerne Bauten, einst Hirtenbehausungen, von denen eine „**Labyrinth**" (2360 m) ge-

Die Schafe nutzen seit Jahrhunderten die Weiden im Tisental.

nannt wird. Sie weist einen Gang auf, der spiralförmig zu einer kleinen Mittelzelle führt. In der nahen Senke wurden steinzeitliche Silexfunde gemacht.

Im **Tisental** wird es dann etwas flacher. Wir wandern über herrliche sanfte Almweiden und Wiesen, vorbei an jahrhundertealten Bergbauernhöfen, die noch immer nach alter Tradition bewirtschaftet werden. Wir passieren einen dem hl. Martin, dem Viehpatron, gewidmeten Bildstock und gehen dann dem sprudelnden Bergbach entlang (Markierung 2), der seinen Namen vom am Eingang des langen steilen Tales gelegenen **Tisenhof** (1814 m) erhalten hat. Schließlich gelangen wir nach ca. 3 Std. nach **Obervernagt** im Schnalstal (1690 m) und zum **Vernagt-Stausee** bzw. nach Unser Frau im Schnalstal (1500 m).

Der Vernagt-Stausee im Schnalstal

In einem gemütlichen alten Bauernhof lassen wir unsere Tourenwoche bei Speck und Südtiroler Wein ausklingen. Denn eine Einkehr, bei der man sich die Kulturlandschaft des Schnalstals auf der Zunge zergehen lassen kann, bildet den würdigen Abschluss dieser großartigen Trekkingwoche.

Rückkehr zum Ausgangsort:
Vom Stausee fährt man per Linienbus nach Meran und von dort weiter mit der Bahn über Bozen zurück nach Innsbruck bzw. weiter nach Bayern. Oder mit dem Pkw über den Reschenpass zurück nach Landeck im Oberinntal.

Die Hütten am Weg

Kemptner Hütte (1846 m), DAV-Sektion Kempten; bew. Mitte Juni bis Mitte Oktober; Tel. ++49/8322/700152; www.kemptnerhütte.de

Memminger Hütte (2242 m), DAV-Sektion Memmingen; bew. Ende Juni bis Ende Sept.; Tel. ++43/5634/6208; E-Mail: memminger.huette@aon.at; Bushaltestelle Bach/ Lechtal.

Larcheralm (1860 m), privat, bew. Anfang Juni bis Mitte Sept.; Talort: Arzl im Pitztal (Bus zur Bahn nach Imst).

Breslauer Hütte (2844 m), DAV Breslau; bew. Ende Juni bis Ende Sept., 50 Betten, 107 Lager; Tel. ++43/5254/8156; Talort: Vent (Bus nach Sölden).

Martin-Busch-Hütte (2501 m), DAV-Sektion Berlin; ca. 120 Schlafplätze; bew. Mitte Juni bis Mitte Sept.; Hüttenwirt: Fam. Scheiber, A-6458 Vent 34, Tel. ++43/5254/8130. www.hotel-vent.com

Similaunhütte (3019 m), Besitzer: Fam. Pirpamer, Hotel Post, A-6458 Vent 37; ca. 100 Schlafplätze; Tel. Hütte ++39/0473/669711, Tel. Tal ++43/5254/8119; www.vent-hotel-post.com

Hochjoch-Hospiz (2413 m), DAV-Sektion Berlin; Reservierungen unter Tel. ++43/664/5402574 oder über Hotel Post, Vent, Tel. ++43/5254/8119.

Braunschweiger Hütte (2759 m), DAV-Sektion Braunschweig; 45 Betten und 80 Lager; bew. Mitte Juni bis Ende Sept.;
Tel. ++43/5413/86236;
www.braunschweiger-huette.at;
Talort: St. Leonhard/Mittelberg im Pitztal (Bus nach Imst/ Bahn).

Talort-Info
Zams/Landeck: Tourismusverband Tirol West, A-6500 Landeck, Tel. ++43/5442/656000
St. Leonhard/Pitztal, TV ++43/5413/8216
Vent/Ötztal: Tourismusbüro A-6450 Sölden, Tel. ++43/5254/510-0; www.soelden.com
Schnalstal/Unser Frau (Busverbindung mit Naturns im Vinschgau, bis dorthin 21 km), TV-Büro Karthaus 42, Tel.++39/0473/679148; www.schnalstal.it

Empfehlenswerte Karten
AV-Karte, Blatt 30/1 und Blatt 30/2, Ötztaler Alpen, 1:25.000
Kompass-Wanderkarte Nr. 52, Vinschgau, 1:50.000
Tabacco-Karte, Nr. 040, Schnalstal, 1:25.000

Tour 3
Olympia-Treck

Von Garmisch über Innsbruck ins Pustertal und weiter bis Cortina d'Ampezzo

Wir machen uns auf den Olympia-Treck, der in seiner Gesamtlänge von Garmisch über Innsbruck und Cortina genau genommen bis Sarajevo führt. Von den fünf olympischen Ringen nehmen wir in Garmisch (Olympiade 1936) den ersten symbolisch auf, können uns in Innsbruck mit dem zweiten und dritten bekränzen (Olympiade 1964 und 1976), in Cortina (Olympiade 1956) den vierten abholen, der fünfte würde uns erst in Sarajevo (Olympiade 1984) umgehängt werden, aber das ist wieder eine andere Geschichte.
Garmisch-Partenkirchen – Innsbruck – Cortina d'Ampezzo, drei weltberühmte Olympiaorte, jeder mit eigenem Flair, miteinander durch gemeinsame Sportgeschichte und über Höhen verbunden, die unvergessliche Eindrücke und Erlebnisse vermitteln. Wir nehmen die olympische Herausforderung an und machen uns auf diesen „Olympiaweg", der bei konditionsstarken Begehern viel Begeisterung finden wird. Vielfach verläuft er über Höhenwege, Trittsicherheit, gute Kondition und Ausdauer sind daher Voraussetzung für ein besonders befriedigendes Erlebnis.
Den wahrhaft olympischen Auftakt macht gleich ein echter Höhepunkt: Deutschlands höchster Berg, die Zugspitze (2962 m), die bei gutem Wetter einen der herrlichsten Rundblicke der Alpen gewährt. Durch das Wettersteingebirge und das Gaistal in die Leutasch und über das westliche Karwendel erreicht man die Tiroler Landeshauptstadt Innsbruck, das „Herz der Alpen" am Inn. Die Patscherkofelbahn erleichtert den Aufstieg zum Patscherkofel, von wo es durch den größten Zirbenbestand der Ostalpen zum Glungezer geht. Nachdem auf ruhigen und beschaulichen Wegen und Steigen die Tuxer und Zillertaler Alpen durchwandert sind, verlassen wir Österreich über das Hundskehljoch – das höchste nichtvergletscherte Joch der Zillertaler Alpen – und gelangen nach zehn, elf Tagen nach Südtirol/Italien, ins noch sehr beschauliche Ahrntal.

Wer den Olympia-Treck im ersten Anlauf über den Alpenhauptkamm bis ins Südtiroler Ahrntal schafft, wird sich die silberne „Olympianadel“ anheften dürfen. Die goldene winkt erst in Cortina.
Hierzu wird die Tour bei entsprechender Zeit und Motivation weiter ins Pustertal fortgesetzt (für den Eiligen auch mit öffentlichen Verkehrsmitteln). Die Folgeetappen führen durch die sagenhafte Dolomitenlandschaft der Naturparke Fanes und Sennes, bis wir schließlich nach insgesamt 12, 13 Tagen und 220 km Strecke Cortina d'Ampezzo erreichen.

Die „Blauen Seen“ unterhalb der „Tuxer seven summits“ im Viggartal

Route und Etappen

● **1. Tag:** Garmisch – Partnachalm – Reintalangerhütte – Knorrhütte – Münchner Haus – Zugspitze – Knorrhütte: 11–13 Std. 2250 Hm (auf), 910 Hm (ab)

● **2. Tag:** Knorrhütte – Gatterl – Feldernjöchl – Hochfeldernalm – Gaistal – Leutasch oder Ehrwald: 5–7 Std. 1100 Hm

● **3. Tag:** Ehrwald – Gaistal – Leutasch – Hoher Sattel – Scharnitz: 6–8 Std. 1000 Hm

● **4. Tag:** Scharnitz – Hinterautal – Gleirschklamm – Kristenalm – Solsteinhaus: 5–6 Std. 900 Hm (auf)

● **5. Tag:** Solsteinhaus – Neue Magdeburger Hütte – Zirl: 4 Std. 1180 Hm (ab)

● **6. Tag:** Innsbruck – Patscherkofel – Boscheben – Glungezer: 4 Std. 900 Hm (auf), 200 Hm (ab)

● **7. Tag:** Glungezerhütte – Tulfeinjöchl – Steinkasern – Naviser Jöchl – Mölsjoch – Lizumer Hütte: 7–9 Std. 500 Hm (auf), 1000 Hm (ab)

● **8. Tag:** Lizumer Hütte – Torjoch – Torseen – Tuxalm – Vorderlanersbach: 4 Std. 370 Hm (auf), 1100 Hm (ab)

● **9. Tag:** Zillergrund/Bärenbad – Hundskehlgrund – Hundskehljoch – St. Peter in Ahrn: 7 Std. 1100 Hm (auf), 1200 Hm (ab)

● **10. Tag:** Vom Ahrntal ins Pustertal

Weiterweg nach Cortina

Variante A:

● **11. Tag:** Niederdorf – Altprags – Plätzwiese – Dürrensteinhütte: 4½ Std. 880 Hm (auf)

● **12. Tag:** Dürrensteinhütte – Im Gemärk bzw. Schluderbach – Cortina d'Ampezzo: 2 Std. 500 Hm (ab)

Variante B:

● **11. Tag:** Niederdorf – Pragser Wildsee – Seekofelhütte: 7 Std. 1170 Hm (auf)

● **12. Tag:** Seekofelhütte – Kreuzboden – Rif. Ra Stua – Peutelstein: 4 Std. 630 Hm (ab)

● **13. Tag:** Peutelstein – Passo Forcia – Passo Tre Croci – Cortina d'Ampezzo: 4–6 Std. 610 Hm (auf), 900 Hm (ab)

insgesamt: 220 km in 12 bzw. 13 Tagesetappen mit durchschnittlich 5–6 Std. Gehzeit

Durchs Reintal auf die Zugspitze (2962 m)

Garmisch	Reintalangerh.	Knorrh.	Münchner H.	Zugsp.	Knorrh.	
2½ Std.	2½ Std.	3 Std.	½ Std.	3 Std.		11½ Std. ↗ 2250 Hm ↘ 910 Hm
717 m	1370 m	2051 m	2921 m	2962 m	2051 m	

Weglänge/Gehzeit: 8 Std. Aufstieg, 3 Std. Abstieg, insgesamt 11–13 Std., 18 km, 2250 Hm.
Schwierigkeiten: langer, Ausdauer erfordernder Anstieg auf bez. Wegen und Steigen; rot.
Einkehr am Weg: Partnachalm, Schachenhaus; Reintalangerhütte, Knorrhütte, Münchner Haus.
Übernachtung: Reintalangerhütte (1370 m), ca. 2–2½ Std. ab Garmisch, Knorrhütte (2051 m), ca. 4½–5 Std., 14 km ab Garmisch. Münchner Haus (2921 m), 3 Std. ab Knorrhütte.
Info: www.zugspitze.de

Der höchste Gipfel Deutschlands überragt im Grenzbereich von Bayern und Tirol das Wettersteingebirge. Schon die Erstbegeher wählten 1820 den Weg durch das Reintal und über das Platt, um auf den Gipfel zu steigen. Das ist auch heute noch der längste, aber einfachste Weg und ein landschaftlich eindrucksvolles Erlebnis. Start ist dem Motto gemäß beim Olympiastadion in Garmisch, das seit über 50 Jahren durch das Neujahrsskispringen bekannt ist.

Blick aus dem Schwärzkar über den Seebensee zur Zugspitze

Ein wahrhaft olympischer Auftakt erwartet uns: fast 18 km Wegstrecke, 2250 m Höhenunterschied, eine Mindest-Gehzeit von 8 Std. Aufstieg und 3 Std. im Abstieg (bis zur Knorrhütte), insgesamt also 11–13 Std. Es liegen aber Einkehr- und Übernachtungsmöglichkeiten am Weg (Reintalangerhütte, Knorrhütte). Der Lohn der Mühe ist ein relativ „stiller“ Anstieg in seltener landschaftlicher Schönheit, denn das Reintal ist kaum überlaufen.

Vom **Stadion** folgen wir dem Partnachbach auf steilem Weg durch die eindrucksvolle **Partnachklamm** bergauf. Der Hohe Weg geleitet durch den Wald ins Reintal, wir queren den Sulzgraben. Am Ende des Fahrweges beginnt ein guter Weg durch die Hinterklamm Richtung Süden zur Bock- und Hochemporhütte.

Bei der **Bockhütte** zweigt der Weg ins Oberreintal ab, dem Kletter-Paradies des Wettersteins. Hier treffen wir auf die Route 801 vom Schachenhaus herunter. Wir aber wenden uns westlich talein, passieren die **Sieben-Sprünge-Quelle**,

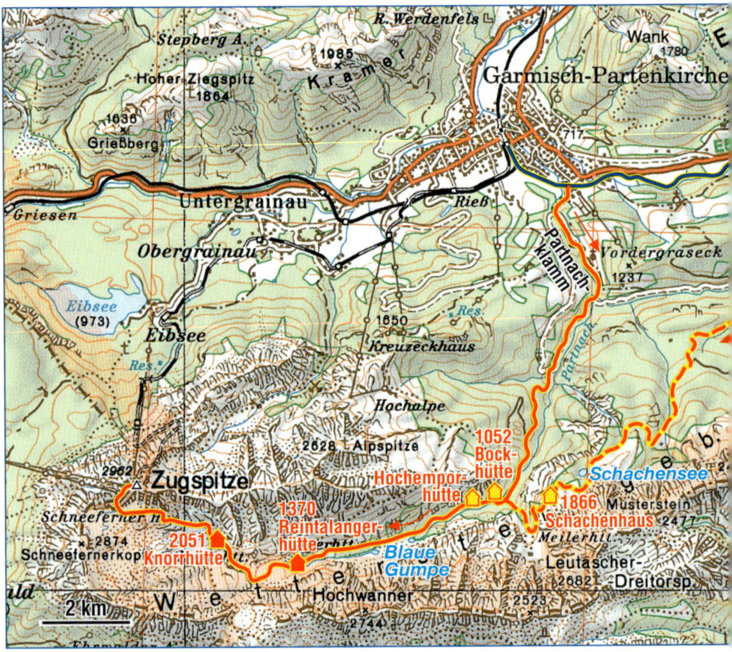

Die schön gelegene Reintalangerhütte

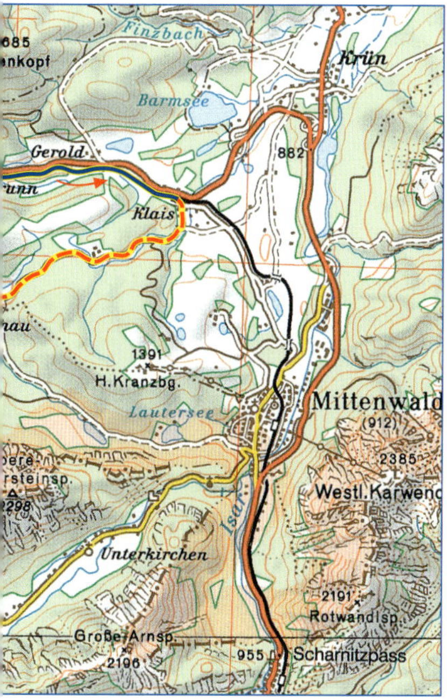

die **Blaue Gumpe**, eine Reiße unterhalb des Hochblassen und einen Wasserfall, bis wir schließlich die sehr schön gelegene **Reintalangerhütte** (1370 m; 1. Übernachtungsmöglichkeit) erblicken. Die Reintalangerhütte liegt am Rande der weiten Schotteröde des karstig-gewellten Zugspitzplatts. In ihrer Nähe (Abstecher von 2 Std.), unter der mächtigen 1400 m hohen Nordwand des Hochwanners, befindet sich der **Partnachursprung**, den es zu besichtigen lohnt.

Wer auf der Reintalangerhütte noch nicht übernachten will, steigt in 2 Std.

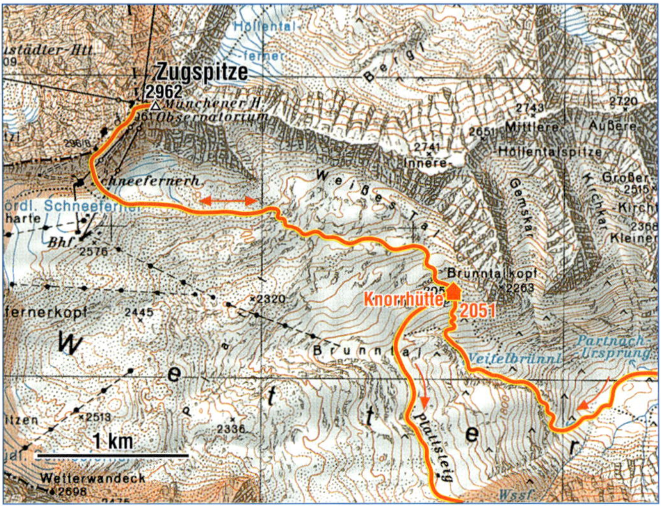

noch knapp 700 Hm weiter hinauf zur Knorrhütte (2051 m): Von der Reintalangerhütte geht's zunächst zur Weide Oberer Anger. Der Weg wird nun blockiger, der Wald schütterer, über einen weiten grünen Boden ziehen wir, der Markierung des Steiges folgend, steil und später felsig Richtung Nordwesten hinauf. Steile Felswände begleiten uns. Bei der Wegverzweigung wählen wir den linken „Felsensteig", der nach West und Nordwest ansteigt. Nach dem Veitelbrünnl ist die **Knorrhütte** (2. Übernachtungsmöglichkeit) erreicht.

Blick über die Bodenhaus-Diensthütte zur Alpspitze beim Anstieg zum Schachen

Die Knorrhütte liegt unterhalb des Zugspitzplatts

Oberhalb der Knorrhütte stehen wir bald **„Auf dem Platt“**. Der Anstieg wendet sich kurz nach Nord, dann nach West. Nach 2 Std. gleichmäßig steilen Anstiegs passieren wir das **Sonn-Alpin-Restaurant**. Über Geröll und Schutt erreichen wir felsiges Gelände und – drahtseilversichert – den **Wettersteingrat**. Diesem folgen wir zum **Münchner Haus** (2921 m; höchstgelegene DAV-Hütte in Deutschland; 3. Übernachtungsmöglichkeit, 3 Std. ab Knorrhütte).
Am Gipfelsteig sind es nur noch wenige Minuten zum **Gipfel** der Zugspitze, die uns mit ihrem prächtigen Panorama für die Mühen des langen Anstiegs reich entschädigt.
Für unseren **Abstieg** (die Zugspitz-Seilbahn ist eine Alternative nach Ehrwald) wählen wir den Aufstiegsweg zurück zur **Knorrhütte**.

Königliche Einstiegsvariante: Auf König Ludwigs Spuren

Eine interessante Anstiegsalternative bietet der „Königsweg“ von Klais über das Schachenschloss zur Reintalangerhütte: Von Garmisch zunächst bis Klais. Über die Bahn, rechts zur Mautstraße (6 km) nach Elmau (980 m) und am Schloss Elmau vorbei. Die Forststraße ab Elmau, der „Schachenweg“ Nr. 841, ein 10 Kilometer langer Reitweg bis hinauf zum Schachen, wurde in Erinnerung an König Ludwig II. „Königsweg“ getauft. Dieser Königsweg führt uns auf König Ludwigs

Spuren direkt zum Schachenhaus (1866 m), dem königlichen Lust- und Jagdschloss mit wunderbarer Aussicht ins Reintal. Auf dem Fahrweg entlang des Elmauer Baches durch den Wettersteinwald bis zur Unteren Wettersteinalpe (1464 m). Dann geht es in Kehren zum Steilenberg, hier wird es flacher. Wir passieren das Schachengatterl und erreichen, vorbei am Schachensee, das Schachenhaus.
Weglänge/Gehzeit: 10 km, 3½–4 Std., 900 Hm Aufstieg.
Von Schachen steigen wir auf drahtseilgesichertem, aussichtsreichem Steig Nr. 801 steil hinab ins herrlich gelegene Oberreintal (1 Std.). Nach Erreichen des Talbodens und der Partnach treffen wir bei der Bock- und Hochemporhütte auf den Anstieg aus Garmisch, der uns dann im Reintal weiter hinauf zur Reintalangerhütte führt (siehe oben).

Schachenhaus und Alpenblumengarten

Das Jagdschloss Schachenhaus thront auf dem grünen Hügel des Schachen an der Nordseite des Wettersteinkammes. Der bayrische König Ludwig II., Bauherr phantastischer Schlösser wie Linderhof oder Neuschwanstein, wollte bei seinen Jagdausflügen ins Gebirge nicht auf den gewohnten Komfort verzichten und ließ so am Schachen ein ungewöhnliches Jagdschloss errichten. Errichtet 1872 im Schweizer Chaletstil, ganz aus Holz und mit winzigen Schindeln verkleidet, steht sein äußeres, schlichtes Erscheinungsbild in denkbar krassem Gegensatz zum Prunk der prachtvollen Innenräume, wie z. B. dem Türkischen Saal. Das Schachenhaus ist bewirtschaftet, das Schloss nur mit Führung zu besichtigen. Unterhalb des Schlosses liegt der sehenswerte Alpengarten. In diesem botanischen Garten erblühen tausende verschiedene, teils seltene Alpenpflanzen, und er ist mindestens ebenso eine Besichtigung wert wie das Schloss an sich.

Roter Steinbrech

Ins Gaistal und nach Ehrwald oder Leutasch

Knorrh.		Gatterl		Feldernjöchl		Hochfeldernalm		Gaistal		Ehrwald
2051 m	**1 Std.**	2020 m	**1 Std.**	2045 m	**1 Std.**	1732 m	**1 Std.**	1617 m	**1½ Std.**	994 m

5½ Std.
1100 Hm

Gehzeit: Knorrhütte – Ehrwald 5½ Std.; Knorrhütte – Leutasch 7–8 Std. 1050 Hm.
Schwierigkeiten: Wanderung auf bez. Wegen; Stellen rot, meist blau.
Einkehr am Weg: Hochfeldernalm, Ehrwalder Alm.
Übernachtung: Knorrhütte, Ghs. Ehrwald; Coburger Hütte; Ghs. Leutasch.
Nächster Talort: Ehrwald, Tel. +43/5673/20000; Bundesstraße 187a; ÖBB-Bahnhof.

Von der **Knorrhütte** folgen wir dem Plattsteig in ständigem Auf und Ab, an zwei Diensthütten vorbei zum **Gatterl** (2020 m), einer schmalen Scharte, über die die österreichisch-deutsche Grenze verläuft; 1 Std. Das Gatterl markiert die südliche

Das Gatterl markiert die Grenze zwischen Bayern und Tirol.

Gemütliche Einkehr an der Hochfeldernalm – im Hintergrund der Hochwannigkopf

Grenze des großen Plateaus „Auf dem Platt". Am seilversicherten Steig steigen wir ab zum **Feldernjöchl** (2045 m). Dem Steig 33 folgend geht's nun nochmals hinauf zum „Brand", dann durch Latschengürtel und Bergweiden hinab zur **Hochfeldernalm** (1732 m).

Noch ein kurzes Stück durch den Bergwald absteigend erreichen wir nach ca. 3 Std. ab der Knorrhütte die **Pestkapelle** (1617 m) im Gaistal. Hier müssen wir uns entscheiden: Entweder nach Westen auf dem Fahrweg zur Ehrwalder Alm (1493 m; 30 Min.) und weiter nach Ehrwald (1½ Std.) oder im Gaistal weiter auf dem Weg 801A, E4 nach Osten Richtung Leutasch, 4–4½ Std.

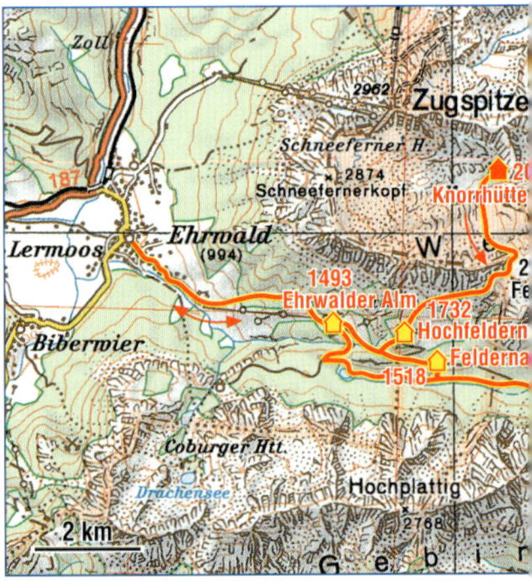

Durchs Gaistal nach Leutasch und Scharnitz

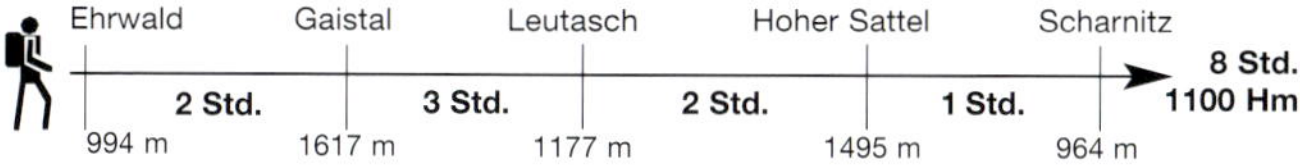

Weglänge/Gehzeit: Ehrwald – Scharnitz 8 Std.; Leutasch – Scharnitz 3 Std.
Schwierigkeiten: einfache Wanderung auf bez. Wegen; blau.
Einkehr am Weg: Ehrwalder Alm, Tillfußalm, Hämmermoosalm, Ghs. in Leutasch u. Scharnitz.
Übernachtung: Ghs. in Ehrwald, Leutasch, Scharnitz.
Nächste Talorte: Ehrwald, Leutasch, Scharnitz (Bahn, Bus).

Durchs **Gaistal** geht es unter dem Wettersteinkamm, an der Leutascher Ache entlang auf dem 801A, E4 bis in die Leutasch. Dabei passieren wir mehrere schöne Almen: Feldernalm und Tillfußalm – darüber das Haus Hubertus des Heimatschriftstellers Ludwig Ganghofer –, Gaistalalm und Hämmermoosalm.

Das Gaistal mündet nach 16 km „Ganghofer-Weg" in **Ober-Leutasch**. Wir durcheilen diese langgestreckte Siedlung und biegen im Ortsteil Unter-Gasse/Ahrn nach Osten ab. An einer Wildfütterung vorbei, geht es durch den Wald Richtung **Hoher Sattel** (1495 m), an der Südflanke der Arnspitze. Über die Sattelstiege „laufen" wir am E4 nach **Scharnitz** hinunter (964 m).

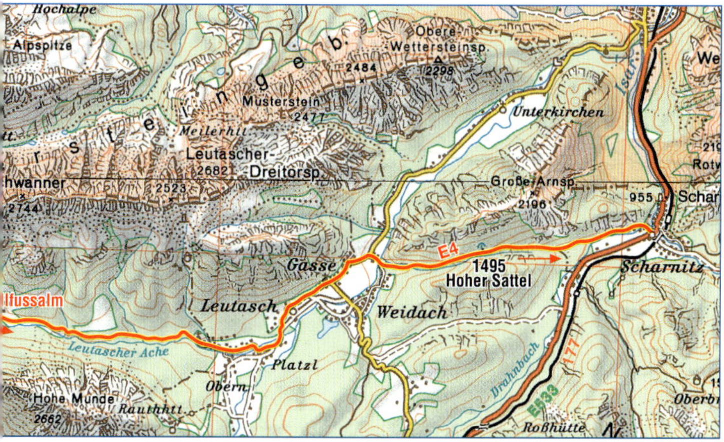

Naturlehrpfad durchs westliche Karwendel

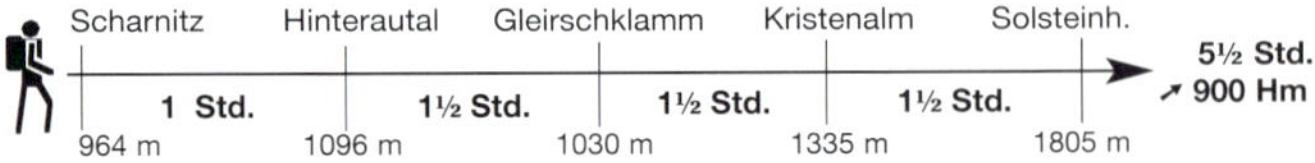

Weglänge/Gehzeit: 17 km, 5–6 Std., 900 Hm Aufstieg.
Schwierigkeiten: leichte Bergwanderung auf markierten Wegen und Steigen durch einsame Karwendeltäler; markiert; blau.

Einkehr am Weg: Kristenalm.
Übernachtung: Solsteinhaus (1805 m).
Nächster Talort: Scharnitz (Bahn, Bus).

Das Karwendelgebirge ist das größte Naturschutzgebiet der Nördlichen Kalkalpen. Auch abseits der bekannten Attraktionen wie Großer und Kleiner Ahornboden hält dieses stille Gebirge jede Menge an Naturschönheiten bereit, die uns der durch das Gleirsch- und Kristental über den Erlsattel ins Inntal führende Naturlehrweg Scharnitz – Hochzirl nahe bringt. Neun Stationen verdeutlichen das natürliche Kräftespiel des Gebirges, des

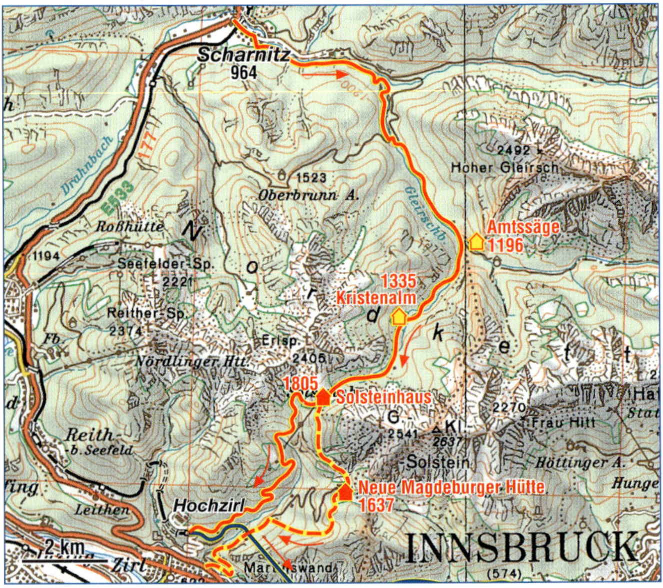

Karwendelkapelle im Hinterautal

Wassers und der Erosion, und im Vergleich dazu die Einflussnahme des Menschen auf die Natur. Die Route ist durchgehend mit braunen Holztafeln als „Naturlehrweg" gekennzeichnet.
Wir starten in **Scharnitz**. Die Route durch den Westteil des Karwendels, zum Eingang in die Karwendeltäler, führt entlang der Isar bis zur ersten Brücke bei der Schottergewinnung.
Der Hauptweg Nr. 224 bleibt auf der orografisch rechten Talseite und steigt an zur Gleirschhöhe (1095 m). Bei der Wegzweigung Nr. 221 nach rechts hinunter zur Isar, über die Brücke und nach Süden Richtung Hinterautal – Amtssäge.
Landschaftlich viel schöner ist der Wanderweg auf der südlichen Talseite, an der südlichen Isar-Seite, vorbei an der **Scharnitzer Alm**, in die Schlucht des Gleirschbaches durch den urigen Felsentobel. Überquert man den Gleirschbach am Ausgang der Gleirschklamm, erreicht man am oberen Klammende nach kurzem Aufstieg wieder den Fahrweg Nr. 221 ins Hinterautal zur Amtssäge (1196 m). Hier wandern wir bis zur Brücke kurz vor der Amtssäge, wo rechts, südlich, der Weg 213 ins einsame Großkristental zur Zirler **Kristenalm** (1335 m) abzweigt. Die Alm bietet selbsterzeugte Spezialitäten an; bis hierher ca. 4 Std. Nach der Alm steigt der Weg weiter an und führt vorbei am Wegkreuz „Bei den armen Seelen", einem Jagerhüttl und einer Quelle „Beim Jagerwasserle" zum **Erlsattel**. Gleich darunter liegen die Erlalm und das **Solsteinhaus** (1805 m), das wir nach 1½ Std. ab Kristenalm erreichen.
Beeindruckend sind die riesigen Schotterkare unter den Nordabstürzen der beiden Solsteine.

In die Tiroler Landeshauptstadt

Solsteinhaus — 2 Std. — Neue Magdeburger Hütte — 2 Std. — Zirl → 4 Std. ↘ 1180 Hm
1805 m — 1637 m — 622 m

Weglänge/Gehzeit: Solsteinhaus – Hochzirl 2 Std., 900 Hm Abstieg; blau; Solsteinhaus – Neue Magdeburger Hütte – Zirl: 3½–4 Std., 1180 Hm; rot.
Schwierigkeiten: markierte Wege und Steige, je nach Variante blau oder rot.
Einkehr am Weg: Neue Magdeburger Hütte (1637 m).
Nächster Talort: Zirl, Innsbruck (Bahn, Bus).

Wer es etwas gemütlicher angehen will, steigt vom **Solsteinhaus** auf dem gut beschilderten Weg 213 in etwa 2 Std. zum Bahnhof **Hochzirl** ab (blau) und fährt von dort mit der Mittenwaldbahn nach Innsbruck. Die Mittenwaldbahn stellt eine bauliche Besonderheit dar und eine Fahrt auf dieser ebenso aussichts- wie tunnel- und brückenreichen Strecke ist ein besonderes Erlebnis.
Alternativ wählt man vom Solsteinhaus den **Zirler Schützensteig** 214 (stellenweise mit Drahtseilsicherung; rot) zur **Neuen Magdeburger Hütte** (1637 m) und steigt weiter nach Zirl ins Inntal ab. Von dort geht's dann ebenfalls per Bus/Bahn nach Innsbruck (siehe Karte S. 78).
Wer sich die Zeit nehmen kann und will, dem sei ein Innsbruck-Tag empfohlen. Hier gibt es viel zu besichtigen und zu genießen.

Solsteinhaus im Karwendel

Auf dem Zirbenweg zum Glungezer

Innsbruck	Patscherkofelbahn	Patscherkofel	Boscheben	Glungezer	
Fahrstrecke	1 Std.	1 Std.	2 Std.		4 Std. ↗ 900 Hm ↘ 200 Hm
574 m	1964 m	2246 m	2036 m	2678 m	

Weglänge/Gehzeit: 7 km, 3½–4 Std. über Patscherkofel-Gipfel, Aufstieg 900 Hm, Abstieg 200 Hm.
Schwierigkeiten: gemütliche Bergwanderung auf markierten Wegen, blau.
Einkehr am Weg: Patscherkofel-Schutzhaus, Ghs. Boscheben.
Übernachtung: Glungezerhütte (2610 m).
Nächster Talort: Innsbruck oder Hall (Bahn, Bus).

Den Innsbrucker Hausberg Patscherkofel überragt die große ORF-Sendestation mit Funk- und Wetterstation. An der Waldgrenze sind der Alpenblumengarten und das Patscherkofel-Schutzhaus (OeAV TK Innsbruck) einen Abstecher wert. Das ein Hektar große Areal des Alpengartens stellt den höchstgelegenen botanischen Garten mit Forschungsstation in Österreich dar. Durch die verschiedenen Pflanzengemeinschaften führt ein Rundwanderweg (Juni–Sept. geöffnet).
Anno 1964 wurde am Patscherkofel der Herren-Abfahrtslauf der ersten Innsbrucker Olympischen Winterspiele ausgetragen, 1976 zum zweiten Mal. Egon Zimmermann gewann 1964 die Olympia-Abfahrt, 1976 wurde Franz Klammer Abfahrts-Olympiasieger.

Am Zirbenweg vom Patscherkofel zum Glungezer, das Karwendel im Hintergrund

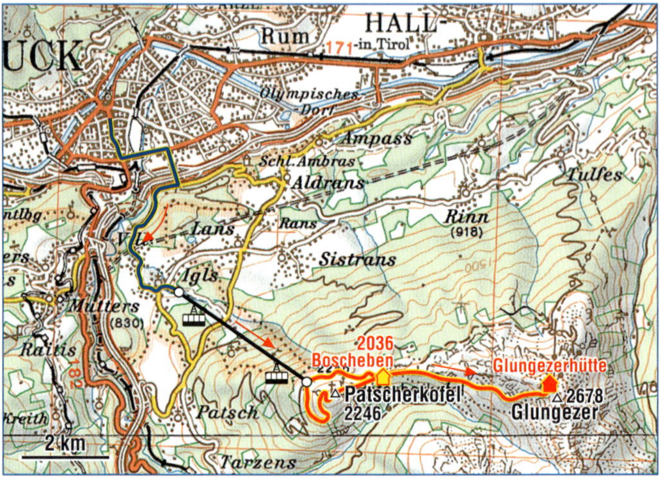

Zum Patscherkofel

Von Innsbruck mit Straßenbahnlinie 6 oder Bus nach Igls und mit der Patscherkofel-Seilbahn zur Bergstation (1964 m). Von dort auf bez. Weg in knapp 1 Std. zum Gipfel. Vom **Patscherkofel-Gipfel** (2246 m) steigen wir ab zum Berggasthof Boscheben (2036 m). Hier mündet der Zirbenweg Nr. 350 von der Patscherkofelbahn-Bergstation (1964 m) ein, dem wir im ersten Drittel folgen. Er führt durch Tirols schönsten und größten Zirbenbestand.

Der Weiterweg zum Glungezer trägt die Nr. 46, er wendet sich auf die Südseite des Kammes und verläuft hoch über dem Viggartal: Am Weg können wir einen kurzen Abstecher (15 Min.) zur Viggarspitze (2306 m) machen. Der Glungezer-Höhenweg Nr. 333 leitet uns unterhalb der Sonnenspitze schließlich zum aussichtsreichen **Glungezer** (2678 m).

Wetterzerzauste einsame Zirbe in den Tuxer Alpen

Glungezer – der Ski-Kultberg Tirols

Glungezerhütte

Der Glungezer, einer der markanten Berge der Tuxer Alpen, ist der Winter-Hausberg der Haller und gilt als „König unter Tirols Skitourenbergen“. Bereits vor 100 Jahren waren hier schon Tirols erste Tourengeher, damals noch „Schneeschuhsegler“ genannt, anzutreffen. Als klassisch gelten seither die Tourenanstiege von Hall/Tulfes (2100 Hm vom Inntal aus!), vom Voldertal oder vom Patscherkofel her.

Vom Glungezergipfel aus wetteifern über 360 Berge im Panorama um Beachtung, von den Dolomiten über Stubaier und Ötztaler Berge, von der Mieminger Kette und dem Wetterstein mit der Zugspitze übers Karwendel bis zu den Hohen Tauern mit dem Großglockner. Der Blick entlang des Inntals reicht von den Lechtalern bis zum Kaisergebirge. Die Glungezerhütte wurde 1933 anlässlich der ersten Ski-Weltmeisterschaft in Innsbruck als Starthütte für den Glungezer-Abfahrtslauf erbaut. Ihre noch genau erhaltene ursprüngliche Form gilt als hochalpines architektonisches Denkmal und trägt die Handschrift des Innsbrucker Architekten Theodor Prachensky. Wer die Tal- und Bergstationen der Innsbrucker Nordkettenbahn auf der Hungerburg, Seegrube und am Hafelekar kennt, wird die architektonische Verwandtschaft dieser Bauten von Franz Baumann mit der Glungezerhütte seines Schwagers Theodor Prachensky gleich erkennen. Am Glungezer befindet sich auch eine Militär-Funkverkehrs-Überwachungsstation des österreichischen Bundesheeres.

Auf dem „Gwannsteig" durchs Voldertal

Glungezerh.	Tulfeinj.	Steinkasern	Naviser J.	Mölsj.	Lizumer H.	
½ Std.	2 Std.	2 Std.	1 Std.	2 Std.		7½ Std. ↗ 500 Hm ↘ 1000 Hm
2610 m	2278 m	2002 m	2479 m	2334 m	2019 m	

Weglänge/Gehzeit: am „Gwannsteig" 7 km, 4½ Std. bis Naviser Jöchl, von dort noch 3 Std. zur Hütte. Am „Tuxer-seven-summits-Höhenweg" 14 km, 8–9 Std., 500 Hm Aufstieg, 1000 Hm Abstieg.
Schwierigkeiten: Gwannsteig überwiegend rot, eine Stelle schwarz (Wegsanierung im Fj. 05). „Tuxer-seven-summits-Höhenweg": Gratwanderung zwischen 2610 m – 2796 m – 2019 m, 500 Hm Aufstieg, 1000 Hm Abstieg. Anspruchsvolle, lange mittelschwierige, aber schöne Gratwanderung; markiert; 2 kurze seilversicherte Abstiege; 2 Notunterstände; überwiegend rot, einige Stellen schwarz.
Einkehr am Weg: auf dem „Gwannsteig" die Alm Steinkasern (einfache Jause); auf dem Höhenweg keine Einkehr, auch keine Quellen!
Übernachtung: Lizumer Hütte (2019 m).
Nächster Talort: Hall (Bahn, Bus).

Von der Glungezerhütte aus können wir mit dem „Tuxer-seven-summits-Höhenweg" und dem „Gwannsteig" zum Naviser Jöchl zwischen einer markant-alpinen und einer gemütlicheren Variante für den Weiterweg in die Wattener Lizum wählen, beide folgen dem „Tiroler Adlerweg". Die Sanierungsarbeiten am „Gwannsteig" werden voraussichtlich im Sommer 2005 abgeschlossen sein.

Steinkasernalm im Voldertal

● *a) „Gwannsteig“ (überwiegend ●)*

Wir steigen von der **Glungezerhütte** am Panoramasteig ab zum **Tulfeinjöchl** (2278 m). Hier zweigt der „Gwannsteig“ südöstlich ab. Er lehnt sich an die langgezogene östliche Glungezerflanke und steigt mäßig steil über Platten (Achtung auf Steinschlag!) und Almböden zur **Gwannschafalm** (1966 m) ab. In der östlichen Glungezerflanke queren wir einen flacheren Almboden, wo noch vereinzelt Reste des im Jahr 1964 abgestürzten Bristol-Britannia-Verkehrsflugzeuges der British Eagle-Airways liegen. Bei dem Unglück fanden 83 Menschen den Tod. Am Glungezergipfel erinnert ein Steindenkmal an die Toten. Vom Unterstand der Gwannschafalm südlich weiter zur urigen Alm **Steinkasern** („Stoankasern“ sagen die Einheimischen), wo noch nach altem Brauch und alter Rezeptur „gekasert“, Käse erzeugt wird. Die einfache Almjause dort mit Milch, Butter und Käse sollte man unbedingt probieren. Von Steinkasern (2002 m) ziehen wir südlich am Steig 331 durchs hintere sattgrüne Voldertal hinauf zu den **Melkböden**, wo sich neben Kühen die Murmeltiere tummeln, und weiter zum **Naviser Jöchl** (2479 m).

● ***b) Höhenweg „Tuxer seven summits":***

Trittsichere und Konditionsstarke wählen die lohnende Gratroute vom Glungezer über die „Tuxer seven summits" – Gamslahnerspitze (2681 m) – Kreuzspitze (2746 m) – Rosenjoch (2796 m) – Grünbergspitze (2790 m) – Grafmartspitze (2720 m) zum Naviser Jöchl (2479 m) und weiter ins „Herz der Tuxer Alpen", der Wattener Lizum (siehe Tour 1, 5. Tag, Seite 22).

Ab dem **Naviser Jöchl** (2479 m) geht es gemeinsam weiter: Wir folgen, nun wieder gemütlicher, dem Steig 27 bzw. 327 über die schönen Almmatten zum **Mölsjoch** (2334 m) und zur nördlichen **Schoberspitze** (2448 m). Vorbei an zwei Wachunterständen des Bundesheeres, P13 und P14a, kommen wir bald zum **Klammjoch** und **Klammsee**, über den hinweg wir noch einen wunderbaren Blick in die Stubaier Alpen genießen. Bald sehen wir schon die Lizum und nach 45 Min. Abstieg erreichen wir die **Lizumer Hütte** (2019 m), die 1912 als Skihütte erbaut wurde.

„G'schriebener Stein" im Viggartal

Wilde Lizum

Lizumer Hütte

Der Name Lizum ist rätoromanischen Ursprungs und bedeutet „der große Viehleger". Die früher Hohe oder Wilde Lizum genannte Wattener Lizum gilt als einer der schönsten Talschlüsse Tirols. Im Sommer ist die von den markanten Felsgestalten der Tarntalergruppe umgebene Alm von reicher, vielfältiger Alpenflora geschmückt. Bis nach 1945 wurden hier, am Fuße der Sonnenspitze, Wetzsteine, Schleifsteine und Bausteine gebrochen. An der Talstation der Innsbrucker Nordkettenbahn sind die als „Lizumer Riemchen" bezeichneten hellgrünen schmucken Steine noch zu sehen. Seit 1934 ist die Wattener Lizum auch Truppenübungsplatz, damals der deutschen Wehrmacht, dann der österreichischen Gendarmerie und seit 1955 des Bundesheeres. Heute vertiefen an Österreichs zweitgrößtem Übungsplatz nicht nur Österreicher, sondern auch Deutsche, Luxemburger wie Briten und Italiener ihre Alpinausbildung. In der Wattener Lizum existieren Alpinismus, Tourismus, Almwirtschaft, Jagd und Forst mit dem Bundesheer friedlich neben- und miteinander, ein Beispiel, wie man verschiedene Interessen doch unter einen Hut bringen kann.

Ins Zillertal und in den Zillergrund

Lizumer H.	Torjoch	Torseen	Tuxalm	Vorderlanersbach	
1 Std.	½ Std.	1 Std.	1½ Std.		4 Std.
2019 m	2386 m	2258 m	2132 m	1275 m	↗ 370 Hm ↘ 1100 Hm

Weglänge/Gehzeit: 4 Std. bis Lanersbach. 370 Hm (auf), 1100 Hm (ab).
Schwierigkeiten: markiert; rot.
Einkehr am Weg: Stoankasernalm (Variante).
Übernachtung: Ghs. Lanersbach, Mayrhofen, Brandberg; Info: TV Mayrhofen, Dursterstr. 225; Tel. ++43/5285/6760.
Nächster Talort: Lanersbach bzw. Mayrhofen im Zillertal. Von dort regelmäßiger Linienbusverkehr (Mai – Oktober, 4 x täglich) über Brandberg – Häusling in den Zillergrund nach Ghs. Bärenbad (1450 m); Mautstraße.

Von der **Lizumer Hütte** starten wir Richtung Osten zum **Torjoch** (2386 m) und gelangen an den (meist vier) grünen **Torseen** vorbei hinunter in die Nasse Tux zur **Tuxalm** und am Steig 321 nach **Vorderlanersbach** (4 Std.). Mit dem Bus fahren wir hinaus nach **Mayrhofen**.
Variante: Von der **Lizumer Hütte** Aufstieg am Steig 322 an der Flanke unter der Kalkwand zum Junsjoch (2484 m). Von hier geht's am Junsberg ostseitig hinunter zur Alm Stoankasern (1984 m), zum Junsalm-Niederleger und hinaus nach Juns-Lanersbach (4 Std.).

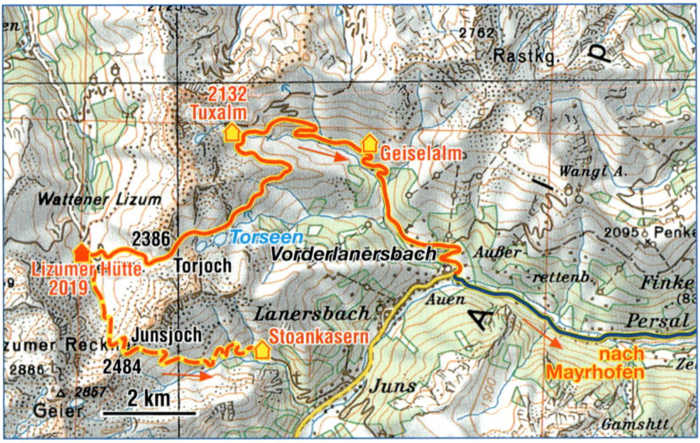

Naturpark Zillertaler Alpen

Der 372 Quadratkilometer große Naturpark Zillertaler Alpen bildet zusammen mit seinen Nachbarn, dem Südtiroler Naturpark Rieserferner – Ahrn und dem Nationalpark Hohe Tauern, den größten Schutzgebietsverbund der Alpen (ca. 2500 km²). Im Westen grenzt der Naturpark mit dem Tuxer Hauptkamm an das Naturschutzgebiet Valser Tal. Der Naturpark wird im Süden durch den Zillertaler Hauptkamm (Staatsgrenze) begrenzt, von dem aus nach Nord-Nordosten zahlreiche Bergrücken und Täler führen. Die Gründe des hinteren Zillertales bilden sehr enge, steilflankige Täler mit schroffen Graten und Gipfeln, die im Zillertaler und Tuxer Hauptkamm bis zu 3500 Meter ansteigen und weite Firnbecken einschließen.

Naturpark Zillertaler Alpen

Die Täler münden durchwegs in steilen, schluchtartigen Stufen und lassen die almbesetzten Aufweitungen im Inneren nicht erahnen. Geologisch gehört der Zillertaler Hauptkamm hauptsächlich zur Zentralgneiszone (Tauernfenster) mit hartem Gestein. Im Bereich zwischen Pfitscher Joch und Möseler schiebt sich die umgebende Schieferhülle gegen Osten bis zum Floitengrund vor. Das Tauernfenster ist eines der mineralogisch interessantesten Gebiete der Ostalpen. Zahlreiche, ansonsten zum Teil seltene Minerale kommen hier vor, z. B. Hämatit, Bergkristall, Rauchquarz, Turmalinkristalle, Zepter-Amethyst, Granate, Fluorit-Oktaeder u.v.a. Im Naturpark Zillertaler Alpen ist eine Fläche von über 42 km² vergletschert, insgesamt wurden hier 85 Gletscher („Kees") gezählt. Diese sowie die zahlreichen hohen Gipfel und tief eingeschnittenen Gründe prägen das Landschaftsbild.

Kontakt und Information: Naturparkbetreuung Zillertaler Alpen,
A-6290 Mayrhofen 307, Tel. und Fax: 05285/63601;
www.naturpark-zillertal.at

Am Saumweg zum Hundskehljoch

Zillergrund/Bärenb.	Hundskehlgrund	Hundskehlj.	St. Peter i. Ahrn
1450 m	1841 m	2561 m	1366 m
2 Std.	3 Std.	2 Std.	

7 Std.
↗ 1100 Hm
↘ 1200 Hm

Weglänge/Gehzeit: 14 km, insgesamt 7 Std., Bärenbad – Hundskehljoch: 4–5 Std., von dort ca. 2 Std. bis St. Peter im Ahrntal (1366 m), 1100 Hm Aufstieg, 1200 Hm Abstieg.
Schwierigkeiten: langer Übergang vom Zillergründl ins Ahrntal; markiert; rot.
Einkehr am Weg: Ghs. Bärenbad, St. Peter in Ahrn.
Übernachtung: Gasthaus oder Pension in St. Peter im Ahrntal.
Nächster Talort: Mayrhofen im Zillertal, von dort regelmäßiger Linienbusverkehr (Mai – Oktober, 4 mal täglich) über Brandberg – Häusling in den Zillergrund/Bärenbad (1450 m); Mautstraße.

Heute wagen wir einen Sprung in die Geschichte und folgen dem uralten Saumweg vom Bärenbad übers Hundskehljoch (2561 m) in das Südtiroler Ahrntal. Über dieses Joch haben früher die Ahrntaler Bauern ihr Vieh zur Sommerweide nach Norden in die Hundskehle gebracht und Händler die in Südtirol abgebauten Erze nach Nordtirol gesäumt.
Von Mayrhofen können wir frühmorgens mit dem Bus über Brandberg – Häusling in den Zillergrund fahren (zu Fuß sind es ca. 18 km bis Bärenbad). Der Fahrweg folgt dem Ziller und endet bei

Am Schlegeis-Stausee in den „Zillertalern“

Bärenbad (1450 m). Dort zweigen wir vom Zillergrund Richtung Süden ab in den **Hundskehlgrund**.

Am Eingang des Hundskehlgrundes empfangen uns die Sulzenalm, dann die Mitterhüttenalm auf dem Breitlahnerboden. Über steinige Böden steigen wir zwischen Blöcken und Moränenhügeln zu einem kleinen See, dann zu einem zweiten See, einer „Lacken“, wie die Einheimischen sagen, und weiter zu einem dritten Tümpel. Aus dem hintersten Talgrund ziehen wir in vielen kleinen Kehren gegen rechts dem **Hundskehljoch** (2561 m) zu. Nun überschreiten wir den Alpenhauptkamm endgültig.

Im Hundskehlgrund Richtung Hundskehljoch

Auf der Südseite halten wir uns am Steig Nr. 16 rechts über die Hänge und Weidehalden, bis wir in eine grüne Mulde kommen, das „Noatfeld". Hier entspringt eine Quelle. Rechts über den Rücken „Am Sam" zur gleichnamigen Almsiedlung auf 2000 m. Der Almsteig zieht durch den Wald nach **St. Peter** im Ahrntal (1366 m) hinunter.

Das Ahrntal

Das wunderschöne, aber raue Ahrntal mit den Orten Kasern, Prettau, St. Peter, St. Jakob, Steinhaus, St. Johann, Weißenbach und Luttach ist geprägt durch die 14 Dreitausender, zu deren Füßen es liegt. Die Abgeschlossenheit des Tales hat viel an altem Brauchtum und Tradition bewahrt, auch der Dialekt ist einzig in Südtirol. Schon in der Bronzezeit haben die Menschen hier nach Kupfer geschürft. Im Mittelalter hatte das Prettauer Bergwerk wesentlichen Anteil am Aufschwung des Tales. In Prettau und Steinhaus prägen heute noch vornehme Handelshäuser das Ortsbild. Im so genannten Faktorhaus mit seinen Erkern und Gewölben sind heute Post und Gemeindeamt untergebracht. Wenn die Ahrntaler vom „Übergehen" reden, dann meinen sie die Überquerung des Alpenhauptkammes über eines der Jöcher, die ins Zillertal oder in den Pinzgau hinüberführen. Die viel begangenen Übergänge, über die von alters her Vieh und Waren gesäumt wurden, sind der Krimmler Tauern, das Hörndle, das Mitterjoch, das Hundskehljoch und das Heiliggeistjöchl.

Vom Ahrntal ins Pustertal

Im Ahrntal endet die Alpenhauptkamm-Überschreitung. Die Strecke vom Ahrntal ins Pustertal nach Bruneck und Niederdorf, immerhin ca. 60 km, lässt sich weniger alpin als bequem mit dem Bus absolvieren. In Bruneck (Bahnstation, Staatsstraße nach Brixen zur Brennerautobahn bzw. Lienz) lassen wir den hochalpinen Teil des Olympia-Trecks mit einem guten Tropfen „Südtiroler“ ausklingen.
Wer noch einige Tage anhängen möchte, um die gesamte Trekkingtour zu Ende zu gehen, kann die Schlussetappen bis Cortina durch die Dolomiten ab Niederdorf – Prags über den Pragser Wildsee bzw. über die Plätzwiese fortsetzen.

„Direkte“ Route über drei Bergrücken

Es besteht natürlich auch die Möglichkeit, von St. Peter in Ahrn in drei Tagesetappen zu Fuß über die Gebirgsrücken der Rieserfernergruppe und drei Täler nach Niederdorf im Pustertal zu gelangen:

- Am Fuldaer Weg durch das Hasental über die Ochsenlenke nach Rain im Knuttental und talaus ins Raintal; Nächtigung.
- Weiter über die Gänsbichlhütte (2799 m) in der Rieserfernegruppe ins Antholzer Tal; Nächtigung in Antholz.
- Von Antholz Übergang entlang des Karbachtales ins Gsieser Tal nach St. Martin und von hier talaus nach Welsberg bzw. Niederdorf im Pustertal; Nächtigung.

Für die Schlussetappen vom Pustertal nach Cortina d’Ampezzo bieten sich zwei verschiedene Wegvarianten an, die nachfolgend getrennt beschrieben werden:

Variante A

Niederdorf – Altprags – Plätzwiese – Dürrensteinhütte – Im Gemärk bzw. Schluderbach (dies ist die kürzere Variante, die sich auch an einem Tag bewältigen lässt).

Variante B

Niederdorf – Pragser Wildsee – Seekofelhütte – Kreuzboden – Rif Ra Stua – Peutelstein – Passo Tre Croci – Cortina d’Ampezzo

St. Peter in Ahrn
1364
St. Jakob in Ahrn
Steinhaus
Schwarze Spitze
2862
Klammljoch
2288
Durreck
3130
Stutennock
2737
Dreieggspitze
3030
Rain Taufers
1595
Lenkstein
3236
Hochgall
3436
Gatternock
2888
Schneebiger Nock
3358
Antholzer Sch.
G. Fensterlekofel
3171
Gänsebichljochhütte
Schwarze Wand
3105
Antholzer See
Antholz-Obertal
Antholz-Mittertal
1241
Antholz-Niedertal
Hochhorn
2704
Zinsnock
2528
Rammelstein
2483
Hochnall
2231
Bad-Salomonsbrunn
Amperspitze
2687
Lutterkopf
2145
Aufhofen
Dietenheim
BRUNECK
2 km

Variante A: Von Prags zur Dürrensteinhütte

Weglänge/Gehzeit: 17 km, Niederdorf – Plätzwiese 4 Std., 830 Hm, oder bis Dürrensteinhütte 4½ Std., 880 Hm.
Schwierigkeiten: einfache Wanderung; blau.
Einkehr am Weg: Altprags, Ghs. Brückele, Ghs. Plätzwiese.
Übernachtung: Ghs. Plätzwiese, Hotel Hohe Gaisl oder Dürrensteinhütte (2040 m).
Nächster Talort: Niederdorf im Pustertal (an der Staatsstraße 49 und der Bahnlinie Franzensfeste/Fortezza – Innichen/San Candido (– Lienz).

Zwischen Niederdorf und Welsberg im Pustertal zweigt von der Pustertaler Staatsstraße Nr. 49 südlich die Fahrstraße nach Prags ab. Zu Fuß geht man direkt von **Niederdorf** südlich der Bahnlinie auf dem Weg Nr. 1A Richtung Altprags. Dieser Weg mündet kurz vor dem Ortsteil „Säge“ in die Fahrstraße. Bei der „**Säge**“ zweigt die Variante B nach rechts, un-

Gipfeltour: Zur Aussichtswarte Dürrenstein

Weglänge/Gehzeit: Aufstieg ab Plätzwiese bzw. Dürrensteinhütte 2½ Std.; 800 Hm.
Schwierigkeiten: markierter Steig; rot.
Route: Von der Plätzwiese bzw. der Dürrensteinhütte empfiehlt sich ein Abstecher auf den 2839 Meter hohen Aussichtsberg Dürrenstein. Der Weg/Steig Nr. 40 führt schräg durch die kahle Südwestseite des Bergrückens über die Dürrenstein-Almböden in Kehren zum Gipfel. Vom Vorgipfel geht's eine kurze Felsstufe hinab und am Drahtseil zum Hauptgipfel, mit seiner wunderbaren Rundsicht, die vom Cristallo im Süden bis zur Rieserfernergruppe und zu den Hohen Tauern im Norden reicht. Unter uns fällt das grüne Pustertal Richtung Lienz ab. Besonders eindrucksvoll ist die Sicht auf die Sextener Dolomiten mit Drei Zinnen, Dreischusterspitze, Haunold, Elfer und Zwölfer.
Der Rückweg führt uns am gleichen Steig zum Plätzwiesensattel oder über einen alten Frontsteig zum Strudelkopfsattel und zur Dürrensteinhütte. So ergibt sich eine lohnende Runde.

sere Variante A nach links, südöstlich ab und führt entlang des Stollabaches, unterhalb von Bad Altprags (schwefelhaltige Bitterquelle) vorbei talein zum Ghs. „Brückele“ (bis hierher kann man auch fahren). Gleich nach dem **„Brückele“** beginnt der Weg Nr. 37 anzusteigen. Auf ihm weicht man dem Fahrweg aus, der, von den Österreichern als Kriegsweg im Ersten Weltkrieg angelegt, bis zur **Plätzwiese** (1991 m), einem zerschossenen Sperrfort, führt. Auf der Plätzwiese mündet auch der Dolomiten-Höhenweg 3 ein, der direkt von Niederdorf heraufführt. Im Gasthof Plätzwiese kann man nächtigen, in der Nähe befindet sich auch das Hotel Hohe Gaisl oder man geht noch 30 Min. weiter zur **Dürrensteinhütte** (2040 m).

Der smaragdgrüne Pragser Wildsee

Variante A: Von der Dürrensteinhütte ins Gemärk

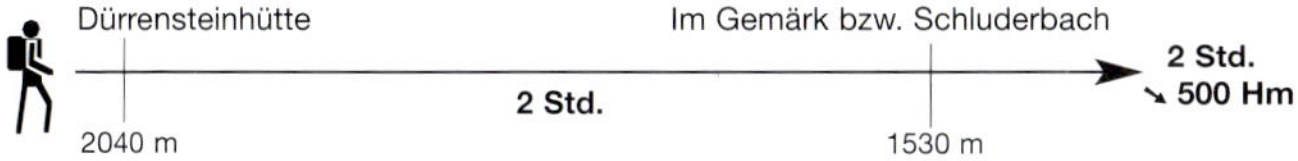

Weglänge/Gehzeit: Dürrensteinhütte – Im Gemärk: 2 Std., 500 Hm Abstieg.
Schwierigkeiten: markiert; rot.
Einkehr am Weg: Bar im Gemärk.

Übernachtung: in Schluderbach bzw. Cortina d'Ampezzo.
Nächster Talort: Schluderbach (432 m), von dort Busverbindung über die Passhöhe „Im Gemärk" nach Cortina d'Ampezzo.

Hohe Geisel von Ra Stua aus gesehen

Für den Abstieg von der Plätzwiese können wir wieder zwischen zwei Möglichkeiten wählen:

● a) Die direkte Route führt ins **Knappenfußtal** (Nr. 3a und 18): Zuerst durch eine leichte Mulde, dann steil bergab durch ein wildes Felsentälchen mit einem schönen Wasserfall bis ans Ende eines Grabens und auf dem latschenbewachsenen Schuttkegel ins Knappenfußtal; rechts die Gaisköpfe über uns, links der Knollkopf (2204 m), ein Aussichtspunkt, den man von der Dürrensteinhütte aus besteigen kann. Der Weg wechselt mehrmals die Talseite und endet auf der Passhöhe **„Im Gemärk"** (Passo di Cima Banche, 1530 m) an der Talstraße 51, die nach Cortina leitet; Bushaltestelle. Diese Passhöhe wird auch Ampezzosattel genannt. Hier verläuft die Wasserscheide zwischen Rienz und Boite und die deutsch-ladinische Sprachgrenze. Rechts ragt die rötlichbraune, pyramidenförmige Hohe Geisel (3146 m) auf.

● b) Der zweite mögliche Abstieg von der Dürrensteinhütte folgt dem Weg Nr. 37, dem Dolomiten-Höhenweg Nr. 3, am Seelandbach hinaus nach Schluderbach (432 m). Von dort Busverbindung nach Cortina.

Variante B: Vom Pragser Wildsee zur Seekofelhütte

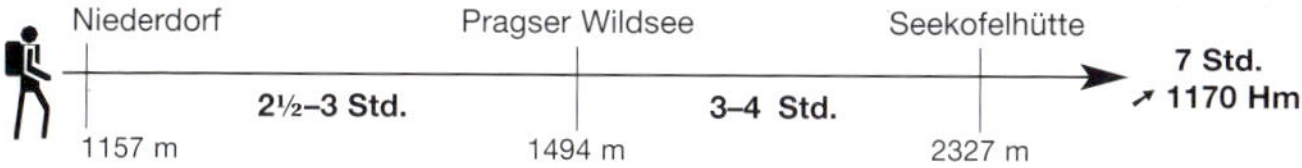

Weglänge/Gehzeit: 10 km, 340 Hm, 2½–3 Std. bis zum Pragser Wildsee; Pragser Wildsee – Seekofelhütte: 3½–4 Std., 830 Hm; insgesamt 6–7 Std., 1170 Hm.
Schwierigkeiten: markierte Wege und Steige; rot.

Einkehr am Weg: keine.
Übernachtung: Seekofelhütte (2327 m).
Nächster Talort: Niederdorf im Pustertal (an der Bahnlinie Franzensfeste/Fortezza – Innichen/San Candido (– Lienz).

Zwischen Niederdorf und Welsberg im Pustertal zweigt von der Pustertaler Staatsstraße Nr. 49 südlich die Fahrstraße nach Prags ab. Zu Fuß geht man direkt von **Niederdorf** südlich der Bahnlinie auf dem Weg Nr. 1A Richtung Altprags. Dieser Weg mündet kurz vor dem Ortsteil „**Säge**" in die Fahrstraße. Hier zweigt die Variante B nun nach rechts, zum **Pragser Wildsee**, ab. Er macht seinem Namen alle Ehre und liegt wildromantisch, dunkelgrün schimmernd in einem großen Felstrog eingebettet, überragt vom scharfkantigen Seekofel. Wir benützen nun den Dolomiten-Höhenweg Nr. 1 am linken, östlichen Seeufer.

Im Hotel am Pragser Wildsee kann man nächtigen.

Von 1494 m Höhe aus steigt der Weg über Geröll und Latschen durch das Hochtal zwischen Seekofel und Rosskofel in steilen Kehren zügig mit schönem Tiefblick zum See hinauf auf 2000 m Höhe. Über den oberen flachen Talboden **„Nabiges Loch"** wechselt der Weg auf die rechte Talseite und führt über einen bewaldeten Rücken und einen Geröllhang an den Fuß des Seekofel-Ostsporns. Unter der Wand aufwärts in das Felskar „Forno" zur Scharte **Porta Sora al Forn** (2388 m). Von der Scharte abwärts in wenigen Minuten zur **Seekofelhütte** (2327 m).

Kleiner See östlich der Seekofelhütte

Gipfeltour: Seekofel (2810 m)

Hüttenberg ist der Seekofel. Er ist einer der klassischen, berühmten Aussichtsberge der Dolomiten. Von seinem Gipfel erkennt man die Vielfalt der verschiedenen Dolomitengruppen und kann im Norden hinüberschauen bis zum Alpenhauptkamm, den wir „gerade" überschritten haben. Tief unten glänzt der grüne Pragser Wildsee.

Weglänge/Gehzeit: 2 Std., knapp 700 Hm.

Schwierigkeit: Trittsicherheit erforderlich; rot.

Route: Über einen felsigen Grat geht's zur Gipfelabdachung und auf den prächtigen Aussichtsberg.

Variante B: Abstieg ins Boite-Tal

Seekofelhütte		Kreuzboden		Rif. Ra Stua		Peutelstein	
	1 Std.		**2 Std.**		**1 Std.**		**4 Std.** ↘ **630 Hm**
2327 m		1758 m		1688 m		1508 m	

Weglänge/Gehzeit: Variante a): Seekofelhütte – Kreuzboden 1 Std.; Variante b): Seekofelhütte – Rif. Ra Stua über Weg 26: ca. 2½–3 Std.; Rif. Ra Stua – Peutelstein: 1 Std.; Senneshütte – Peutelstein: 3 Std.; insgesamt: 4 Std., 630 Hm.
Schwierigkeiten: blau, wenige rote Stellen.
Einkehr am Weg: Senneshütte (2116 m), Rif. Ra Stua (1668 m).
Übernachtung: Senneshütte (2116 m)
Nächster Talort: Cortina d'Ampezzo (Bahn, Bus); Busverbindung von der Haltestelle Fiames/Felizon an der „Strada d'Alemagna" bei Peutelstein.

Auf dieser Etappe lernen wir die Dolomiten einmal von einer anderen Seite kennen. Nicht die grauen, steilaufragenden, bizarren Felstürme begleiten uns, sondern die hügeligen Almböden zwischen Seekofel und Fanes mit ihren weiten Rundblicken. Wir können zwischen zwei verschiedenen Abstiegsvarianten wählen, wobei die Variante a) die kürzere, die Variante b) die landschaftlich schönere ist:

Blick von der Seekofelhütte nach Süden

Auf dem Seekofelplateau fühlt sich auch der Steinbock wohl.

● a) Von der **Seekofelhütte** auf der alten Militärstraße über das weite Hochplateau der Fosses-Alpe auf dem Weg Nr. 6 bzw. Dolomiten-Höhenweg Nr. 1 hinunter in das Val Salata. Wenn der Talweg erreicht ist, halten wir uns links, talaus zum Cianpo de Crosc (1758 m), dem **Kreuzboden**. Hier mündet der Abstiegsweg Nr. 26, unsere zweite Variante von der Seekofelhütte weg, in den Talweg ein.
Wenn genügend Zeit bleibt, können wir von dieser Abzweigung nach rechts, westlich abbiegen und nach 300 m auf der Senneshütte (2116 m) einkehren.
● b) Von der **Seekofelhütte** steigt der Steig Nr. 26 über teils grüne Kare ab zu den zwei **Fosses-Seen**, Lago Gran de Fosses und Lago de Remeda Fosses. Dazwischen breitet sich ein grüner Sattel mit weitläufigen Almen aus. Bald erreicht man das **Grisc-Kreuz**. Nun geht's ins nächste Tälchen und steil zwischen Felsriegeln und Latschen hinab zum Kreuzboden (1758 m).
Nun wieder gemeinsam weiter: Auf einer Sandstraße durch einen markanten Graben 5 km hinaus zum **Rif. Ra Stua** (1688 m). Von hier talaus auf steiler Straße nach Peutelstein, einem einst befestigten Hügel an der großen Kehre der „Strada d'Alemagna" im Tal des Boite; Busverbindung von der Haltestelle Fiames/Felizon durch das Ampezzotal nach Cortina (8 km). Die etwas eintönigen Talwege zwischen Kreuzboden – Rif. Ra Stua und Peutelstein lassen sich auch auf beiden Talseiten über Steige „umgehen".

Variante B: Über den Tre-Croci-Pass nach Cortina

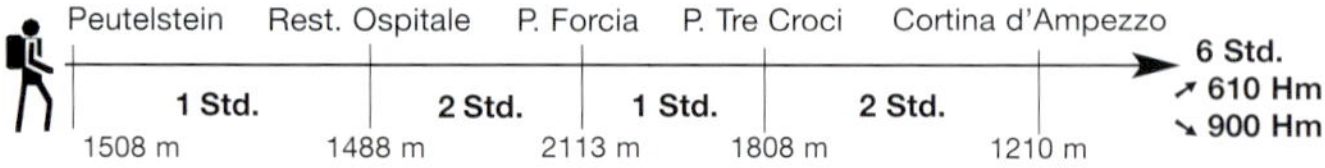

Weglänge/Gehzeit: 12 km zum Tre-Croci-Pass, 3–4 Std.; nach Cortina 8 km, 2 Std.
Schwierigkeiten: Wanderung ohne nennenswerte Schwierigkeiten; blau.
Einkehr am Weg: Rest. Ospitale, Rif. Son Forcia, Hotel Tre Croci, Rist. Rio Gere.
Übernachtung: Hotel Tre Croci und in Cortina.
Nächster Talort: Cortina d'Ampezzo, Rückreise: mit dem Bus bis Toblach, von dort mit der Bahn nach Innsbruck/Garmisch/München. Oder auf der Pustertalstraße ab Toblach nach Franzensfeste zur Brennerautobahn A13.

Wer den Weiterweg nach Cortina zu Fuß machen will, biegt an der Großen Kehre bei Peutelstein auf der Straße 51 nach Osten ab in Richtung Wasserscheide „Im Gemärk". Beim **Rest. Ospitale** zweigen wir südwärts auf den Weg Nr. 203 ab in das Val Padeon/Val Granda Richtung Passo Tre Croci. Man überschreitet hier den Som Forca (Passo Forcia, 2113 m), die Nahtstelle zwischen Cristallo und Pomagagnon, mit guter Aussicht auf Sorapis, Marmarole und die Berge südwestlich von Cortina.

Monte Cristallo vom Tre-Croci-Pass

Punta Fiames und Pomagagnon umrahmen den Talkessel von Cortina.

Vom **Passo Forcia** ist es nicht weit zum Rif. Forcia, der Zwischenstation der Gondelbahn auf den Monte Cristallo (lohnender Abstecher). Vom Passo Forcia zweigt der Steig 206 nach rechts ins Tal ab, der in weitem Bogen aussichtsreich unserem Ziel **Cortina d'Ampezzo** entgegenführt.
Wir können vom Passo Forcia auch dem eingeschlagenen Weg Richtung Passo Tre Croci folgen.
Vom Pass – hier stehen drei Kreuze, die an eine mit zwei Kindern im Schneesturm umgekommene Mutter erinnern – senkt sich die Strada di Valbona Nr. 48 in zahlreichen Windungen durch freundliche Lärchenwälder und grüne Böden unserem Ziel Cortina d'Ampezzo zu.
Cortina ist ein berühmter Wintersportort und eine vorwiegend von Italienern besuchte Sommerfrische inmitten einer großartigen Bergwelt. 1956 fanden hier die Olympischen Winterspiele statt, bei denen sich der Kitzbüheler Toni Sailer vier Goldmedaillen sicherte. Cortina gehörte von 1511 bis 1918 mit kurzer Unterbrechung zu Tirol bzw. Österreich. 1918 kam es zu Italien, zur Provinz Belluno, blieb aber kirchlich bis 1964 bei der Diözese Brixen in Südtirol. Auf der Piazza della Posta steht das Denkmal für Déodat Dolomieu (1750–1801), nach dem das Dolomitgestein benannt ist. Ein grober Dolomitblock erinnert an den Namensgeber für eines der schönsten Gebirge der Welt.

Die Hütten am Weg

Schachenhaus (1866 m), privat; 88 Schlafplätze; Tel. ++49/8821/2996; Talorte: Klais, Garmisch.

Reintalangerhütte (1370 m), DAV München; 90 Schlafplätze; Tel. ++49/8821/2903; Talorte: Garmisch oder Klais, Ehrwald.

Knorrhütte (2051 m), DAV München; 125 Schlafplätze; Tel. ++49/8821/2905; Talorte: Garmisch, Ehrwald.

Solsteinhaus (1805 m), OeAV Zw. Innsbruck; 28 Betten, 68 Lager; Tel. ++43/5253/81557; Talort: Zirl (Bahn, Bus, Pkw). Zugang: ab Hochzirl 2½ Std.

Patscherkofel-Schutzhaus (1970 m), OeAV Akad. S. Innsbruck; Tel. ++43/512/377196, Fax 0512/377817; Öffnungszeit: ganzjährig; Talort: Innsbruck (Bahn, Bus, Pkw). Zugang: 5 Min. von der Bergstation der Patscherkofelbahn (Talstation in Igls); www.tuxeralpen.at

Glungezerhütte (2610 m), OeAV Hall i. T.; 40 Schlafplätze; Tel. ++43/5223/78018; www.glungezer.at; Öffnungszeit: auch im Winter; Talort: Hall (Bahn, Bus, Pkw). Zugang: von Tulfes mit Hilfe der Glungezerbahn in 1½ Std.

Lizumer Hütte (2019 m), OeAV Hall i. T.; 80 Schlafplätze; Tel. ++43/5224/52111. www.lizumerhuette.at Öffnungszeit: auch im Winter; Talort: Wattens (Bahn, Bus, Pkw). Zugang: ab Wattens 5–6 Std.; ab Lager Walchen (Parkmöglichkeit) 2 Std.

Ghs. **Plätzwiese** (1991 m); 53 Schlafplätze; ganzjährig bew.; Tel. ++39/0474/748650.

Dürrensteinhütte (2040 m), 24 Schlafplätze; ganzjährig bew.; Tel. ++39/0474/972505.

Seekofelhütte (2327 m); 40 Schlafplätze; bew. Anfang Juli bis Ende Sept.; Tel. ++39/0436/866991.

Senneshütte (2116 m); 60 Schlafplätze; bew. Mitte Juni bis Mitte Okt.; Tel. ++39/0474/501837 oder Tel. ++39/0474/7501092; www.sennes.com

Talort-Info:

Ehrwald: TV Tel. ++43/5673/20000; an der Bundesstraße 187a; ÖBB-Bahnhof. www.zugspitzarena.com

Leutasch: TV Tel. ++43/5214/6207 oder 6303, Fax ++43/5214/6965. www.leutasch.com

Scharnitz, TV
Tel. ++43/5213/5270
Fax ++43/5213/5557

Zirl, TV
Tel. ++43/5238/52235
Fax ++43/5238/53535

Innsbruck TV
Tel. ++43/512/59850
Fax ++43/512/598507

In der Seekofelhütte wird aufgekocht.

Hall i. T., TV Region Hall, Tel. ++43/5223/56929
www.regionhall.at

Tux, Mayrhofen, TV Tel. ++43/5285/2305, Zillertalbahn, Bus, Pkw

Empfehlenswerte Karten

AV-Karte 4/3, Wetterstein- u. Mieminger Gebirge, 1:25.000
AV-Karte 31/5, Innsbruck und Umgebung, 1:50.000
AV-Karte 35/1/3, Zillertaler Alpen, 1:25.000
AV-Karte 5/1/2, Karwendel, Westl. Blatt, 1:25.000
Tabacco-Karten 031, Pragser Dolomiten, und 03, Cortina, 1:50.000

Ortsregister

Alle Angaben in diesem Führer wurden sorgfältig recherchiert und erfolgen nach bestem Wissen des Autors. Sollten sie trotzdem Unstimmigkeiten entdecken, nehmen Autor und Verlag gerne Verbesserungsvorschläge und Korrekturhinweise entgegen (buchverlag@tyrolia.at).
Die Benutzung dieses Führers geschieht auf eigenes Risiko.
Eine Haftung für etwaige Unfälle und Schäden wird aus keinem Rechtsgrund übernommen.

Dank
Anette Köhler, Waltraud Aichner, Werner Haim

Bibliografische Information Der Deutschen Bibliothek
Die Deutsche Bibliothek verzeichnet diese Publikation in der Deutschen Nationalbibliografie; detaillierte bibliografische Daten sind im Internet über <http://dnb.ddb.de> abrufbar.

2005

Umschlaggestaltung und Layout: Tyrolia-Verlag, Innsbruck
Titelbild: An der Lamsscharte, Blick Richtung Hochnissl,
Foto: Thomas Holzmann
Bild Seite 1: Über den Wolken – Sonnenuntergang am Zugspitzmassiv, Foto: G. Aichner
Bildnachweis: AV-Innsbruck S. 80; Bernhard, Udo S. 63; Ehn, Wolfgang S. 11; Gamerith, Werner S. 39, 42, 44, 46; Garnweidner, Siegfried S. 69, 71, 72, 73, 75, 76, 96, 99; Goedeke, Richard S. 98, 101 (2), 102, 103, 104, 105, 107; Haid, Hans S. 61; Köll, Ernst S. 92; Maringer, Horst S. 59; Strauß, Andreas S. 50; Alle anderen Bilder stammen von Gerald Aichner
Karten: Kartenausschnitte im Maßstab 1: 200.000 © BEV-2005, vervielfältigt mit Genehmigung des BEV – **B**undesamtes für **E**ich- und **V**ermessungswesen in Wien, Zl. EB 2005/00577
Routeneintragungen: Rolle-Kartografie, D-Holzkirchen, nach Vorlagen des Autors
Rückseitige Panoramakarte: © Kartografischer Verlag Walter Mayr, Innsbruck
Lithographie: Athesia-Laserpoint, Innsbruck
Druck und Bindung: Athesia-Tyrolia Druck, Innsbruck
ISBN 3-7022-2564-1
E-Mail: buchverlag@tyrolia.at
www.tyrolia.at